대한민국
정부
2030

행정 전문가들이 예측하는

정부의 미래

대한민국 정부 2030

한국행정학회 정부의미래연구회

서울대 지능정보사회 정책연구센터

공편

문우사
MoonWoo

이 연구는 정부(교육부)의 재원으로 한국연구재단의 지원을 받아 수행된 연구임
(NRF-2017S1A3A2066084)

격려사

'미래를 예측하는 가장 좋은 방법은 미래를 개척하는 것'이라고 합니다. 미래를 수동적으로 기다리지 말고 적극적으로 만들어가야 한다는 의미입니다. 그러나 적극성에는 전략이 필요합니다. 미래를 합리적으로 분석하여, 개입 시기의 완급을 조절하고 개입의 강약을 조절하는 지혜가 필요합니다. 이러한 관점에서 본서는 전문가들의 집단지성에 근거하여 우리의 미래를 개척하기 위한 전략을 담고 있습니다.

대한민국은 지난 반세기 동안에 남북 분단과 냉전의 시대를 겪으면서도, 전 세계가 인정하는 눈부신 경제적 성과를 거두었습니다. '한강의 기적'으로 불리는 이러한 대한민국의 경제성장은 우리가 발전시킨 우수한 국가 정책결정 및 행정 체계가 뒷받침되었기에 가능한 것이었습니다. 그러므로 이제 한국은 디지털 행정의 분야에서 글로벌 선도 국가로 인정받고 있습니다.

그러나 새로운 디지털 변혁의 시대적 상황은 이제 우리 행정에게 보다 큰 변화를 요구하고 있습니다. 디지털 변혁의 시대에서는 사물인터넷(IoT), 빅데이터, 인공지능(AI), 블록체인, 자율주행 등 기술 차원에서의 혁명적 변화뿐만이 아니라, 넓게는 이들 신기술이 초래하게 될 삶의 방식과 국가 및 사회 전반의 변화, 즉 국정운영의 틀과 행정의 방식에 근본적인 변혁을 요구하고 있습니다.

오늘날 대한민국은 저출산 고령화 및 급속한 ICT 발전에 의한 지능정보사회의 출현 등 다양한 환경 변화에 직면하고 있습니다. 이러한 대내외 환경 요인의 변화에 정부와 우리 행정도 적절하게 대응하여야 합니다. 그러므로 다가오는 미래의 한국 사회를 예측하고 미래 정부와 행정의 역할을 전망하는 것은 행정학자들에게 도전적 과제임에 틀림없습니다. 모든 것이 변화될 디지털 혁명의 시대를 맞이하여, 우리 행정학자들도 정부 변화의 미래 모습을 예측하고, 이에 대비하기 위한 국가전략과 대안을 모색해야 합니다.

이를 위하여 한국행정학회 소속의 '정부의미래연구회'는 델파이 기법을 활용하여, 10년 후의 정부의 미래 모습을 예측하고, 정책 대안을 마련하는 연구를 진행하였습니다. 한국행정학회의 분과연구회로 운영된 '정부의미래연구회'가 발간한 이 책은 한국 행정학의 연구와 발전을 위해 매우 중요한 주제들을 포함하고 있습니다. 먼저 정부와 국회 간의 견제와 균형으로 시작하여, 국민의 정책 참여 확대를 위한 노력, 그리고 중앙과 지방 정부 사이의 관계에 대하여 예측하고 있습니다. 이어서 중앙정부의 크기와 역할 및 재정 규모와 건전성까지 다루고 있습니다. 마지막으로는 디지털정부의 기반 구조와 업무 환경의 변화를 예측하였습니다.

이러한 주제들은 코로나19의 등장으로 우리 행정학의 분야에서도 과거와는 다르게 매우 급격한 변동이 예상되는 시점에 앞으로 고민해야 하는 주제들을 담고 있어서, 한국 행정학의 역할과 미래에 관심이 있는 누구에게나 유용한 내용이 될 것으로 확신합니다.

2020년 코로나19로 인하여 이제까지와는 다른, 정말로 힘든 시기를 겪으면서도, 이러한 연구 결과물을 출간하신 여러 연구진께 고마운 마음을 전합니다. 저 개인적으로도 2020년도에 한국행정학회 회장을 맡으면서 이처럼 한국행정학회의 분과위원회가 연구 결과를 집대성하여 출간하는 소중한 저서에 격려사를 쓸 수 있게 되어서 큰 영광으로 생각합니다. 이러한 노력이 우리 사회에 널리 확산되어 미래를 개척하는 밑거름이 되기를 기대합니다.

제55대 한국행정학회 회장

이 원 희

발간을 축하하며

2020년 현재 국제사회에서는 코로나19의 만연, 미국과 중국의 무역 분쟁 및 패권경쟁, 그리고 이로 인한 경제위기, 자연환경 변화에 따른 재난재해 등 예측하지 못한 새로운 위협 요소의 등장으로 불확실성이 증대하고 있습니다. 이 와중에 한국의 경우는 저출산 및 고령화에 직면하면서 미래에 대한 불안감이 보다 증폭되고 있는 실정입니다.

이처럼 증대되는 위험과 위기 환경으로부터 국가 발전의 새로운 기회와 도전과제를 창출해내기 위해서는 불확실한 미래를 예측하고 미리 준비하는 것이 매우 중요합니다. 이러한 사회 환경의 급격한 변화와 불확실성에 대한 국가 차원의 체계적인 미래예측 및 이에 근거한 전략적 대응은 국가의 지속적인 성장을 위한 필수적 과제가 되고 있습니다. 영국, 핀란드, 싱가포르 등 선진국들은 이미 미래예측을 국가의 생존과 지속발전을 위한 필수 조건으로 인식하고, 미래연구 결과를 국가전략과 연계한 국정 체계를 구현하고 있습니다.

한국 사회는 지금 빠르게 발전하고 확산되는 디지털기술로 인하여 지능정보사회로 이행하는 문명사적 전환기에 놓여 있습니다. 인공지능과 빅데이터 등 다양한 지능정보기술의 급속한 발전으로 지능정보사회로의 전환은 '현재 진행형 미래'이며, 이러한 과도기에 여러 행정학자들의 집단지성을 기반으로 한국 정부의 미래를 예측하고, 탐색하는 것은 매우 의미 있고 중요한 일입니다.

이처럼 한국 정부의 미래를 전망하기 위하여 서울대 지능정보사회 정책연구센터는 2020년 한국행정학회 정부의미래연구회와 함께 「정부의 미래 2030 프로젝트」를 시작하였습니다. 2020년 진행된 '정부의 미래 2030 연구'는 분야별 전문가와 함께 델파이 기법을 활용하여 정부의 미래 변화의 흐름을 사전에 예측하고, 미래의 정책적 이슈를 발굴해나감으로써 거시적인 국가 미래전략 어젠다를 발굴하는 매우 훌륭한 장을 마련하는 계기가 되었다고 생각합니다.

서울대 행정대학원은 1959년 설립된 이래로 대한민국의 행정학 · 정책학 교육과 연구의 중추적인 역할을 담당하여 왔습니다. 최근에는 SSK(Social Science Korea) 등의 사업을 통해 미래 우수 연구인력을 양성하고 있으며, 공공성과관리연구센터, 국가리더십연구센터, 국가재정연구센터, 국제개발협력평가센터, 서베이연구센터, 시장과정부연구센터, 정부경쟁력연구센터, 조직진단평가연구센터, 지능정보사회 정책연구센터, 지속가능 회계 · 재정 연구센터, 커뮤니티웰빙연구센터 및 한국정책지식센터 등 다양한 국고지원 연구센터 사업을 통해 학술적 연구 성과를 공공 정책과정에 실천적으로 반영하는 역할도 활발하게 수행하고 있습니다.

이러한 연구센터들 가운데 지능정보사회 정책연구센터가 발간한 이 책은, 한국 행정학의 연구와 발전을 위해 매우 중요한 주제들을 포함하고 있습니다. 무엇보다 이 책은 한국 사회가 직면한 거대 이슈들에 대한 전문가들의 체계적 미래예측과 진단을 통해 미래의 행정과 정부 운영에 대한 혜안을 제공하고 있습니다. 이러한 『정부의 미래 2030』 출간을 통하여 지능정보사회 정책연구센터는 공공부문의 정책적 이슈를 선도적으로 연구하고 실천하는 기관으로 거듭날 것입니다.

앞으로 지능정보사회 연구진이 이 연구를 지속적으로 확대·발전시켜서, 정부의 체계적인 미래예측과 새로운 국가 미래전략을 제시하는 데 주도적인 역할을 해나가기를 기대합니다. 특히 모두가 힘든 2020년에, 이처럼 귀중한 연구 결과물을 출간하신 지능정보사회 정책연구센터의 김동욱 센터장님과 함께 참여해주신 모든 연구자 여러분께 진심으로 감사의 말씀을 드립니다.

서울대 행정대학원 원장
정 광 호

머리말

1. 델파이 진행 경과

2017년 서울대 지능정보사회 정책연구센터의 연구진과 외부 전문가들이 지능정보사회 도래에 따른 미래 공공부문의 변화에 대한 연구를 수행하면서 2회 델파이방식으로 공공부문의 변화와 대응과제 도출 작업을 한 적이 있다. 향후 5~10년 동안 어떤 변화가 일어날지 그리고 그 변화의 긍정적·부정적 영향은 무엇인지, 우리가 지금부터 어떻게 대응하여야 할지에 대하여 12명의 전문가 패널에게 질문하고 답을 얻는 방식이었다. 연구진들은 비교적 그럴듯한 미래 예측과 전망 그리고 대응방안을 도출하였다고 자평하면서 델파이 조사에 대한 신뢰를 얻었고, 다른 주제에 대해서도 델파이 조사를 적용해서 미래예측 작업을 추진해보자는 데 동의하였다.

2019년에 서울대 지능정보사회 정책연구센터와 연세대 미래정부연구센터의 참여 연구진들을 중심으로 정부의 미래를 조망하는 연구를 선도하는 분과연구회를 한국행정학회에 신청하기로 하였고, 2019년 행정학회 총회에서 학회회원 50여 명이 발기한 정부의미래연구회의 분과위원회 출범이 승인되었다. 정부의미래연구회는 중앙정부의 향후 10년 미래를 예측하는 작업을 우선 진행하고, 이후 서울특별시를 비롯한 광역 단위 지방정부, 분야별(경제산업, 사회문화, 질서유지 등) 중앙정부의 미래를 예측하는 작업 계획을 확정하였다.

2020년 상반기에 서울대 지능정보사회 정책연구센터 중심으로 중앙정부 미래 10년 예측을 위한 델파이 조사 준비 작업이 진행되었다. 연구센터장인 김동욱(서울대)과 정부의미래연구회 회장인 정충식(경성대)이 주관하고 연구센터 전임연구원인 김구민(2020년 9월에 금강대 교수로 부임), 노재인, 안종석 박사가 실무 작업을 진행하였다. 여러 차례 회의 끝에 2025년과 2030년의 계량화된 지표를 예측하고 예비질문 32개를 도출한 후 폐기와 통합 작업을 거쳐서 최종적으로 23개 질문으로 압축하였다. 외부관계 4개, 조직인사 9개, 재무 6개, 정보화 4개 질문으로 구성하였고, 3개 질문은 수량과 비율 두 가지로 물었고 나머지 19개 질문은 하나로 물었다.

델파이 조사에 참여할 전문가 패널에 정부의미래연구회 회원을 우선적으로 포함하고 질문에 적절히 답변을 줄 수 있는 전문가를 연구진들이 추천하여 총 80명의 패널을 확정하였다. 패널 80명 전원이 한국행정학회 회원이고, 이 중 대학교원이 74명, 연구기관 연구원은 6명이고, 남성 74명, 여성 6명으로 구성되었다.

1회 델파이 조사는 2020년 7월 14일 80명의 패널에게 이메일로 조사지를 배포하고 휴대폰 문자 메시지로도 조사요청 사실을 알렸다. 답변 마감일은 2020년 7월 24일이었는데 응답률을 높이기 위해 마감일을 3일 연장하였고 최종적으로 45명이 응답하였다. 이 응답자는 2차, 3차 조사에서도 모두 응답하였다. 응답자 45명은 대학교원 41명, 연구기관 연구원 4명이고, 남성 42명, 여성 3명으로 분포되었다.

연구진은 1차 조사에서 나온 수치적 답변을 통계적으로 정리하고 증가/감소 예측의 근거에 대한 서술적 답변을 분류하여 정리하였다. 2020년 8월 13일에 1차 조사 결과를 정리한 내용과 응답자별로 1차 조사의 수치적 답변을 담은 질문(1차 조사와 동일함)을 배포하였다. 45명의 1차 조사 응답자에게 이메일로 조사지를 배포하고 휴대폰 문자 메시지로도 조사요청 사실을 알렸다. 답변 마감일은 2020년 8월 21일이었는데 응답률을 높이기 위해 마감일을 2일 연장하였고 45명 전원이 응답하였다.

연구진은 2차 조사에서 나온 수치적 답변을 통계적으로 정리하고 증가/감소 예측의 근거에 대한 1차 조사와 2차 조사의 서술적 답변을 통합하여 재분류하였다. 2020년 9월 3일에 2차 조사 결과를 정리한 내용과 응답자별로 2차 조사의 수치적 답변을 담은 질문(2차 조사와 동일함)을 배포하였다. 45명의 2차 조사 응답자에게 이메일로 조사지를 배포하고 휴대폰 문자 메시지로도 조사요청 사실을 알렸다. 답변 마감일은 2020년 9월 11일이었는데 응답률을 높이기 위해 마감일을 2일 연장하였고 45명 전원이 응답하였다.

연구진은 3회에 걸친 델파이 조사 결과를 수차례 회의를 통해 분류하고 정리하였다.

연구진(김동욱, 정충식, 김구민, 김대현, 노재인, 박규동, 안종석, 육은희, 은종환)은 3회에 걸친 델파이 작업을 마무리하고 23개 질문에 대한 답변을 정리하면서 이를 총 8개 분야로 재분류하고 각 분야를 장으로 작성하기로 하였다. 정충식(제8장, 제9장), 김구민(제7장), 김대현(제2장), 노재인(제1장), 박규동(제3장), 안종석(제5장), 육은희(제6장), 은종환(제4장)이 분담하여 주제선정 배경과 질문, 결과의 해석을 정리하였다. 그리고 김동욱 교수가 머리말을 작성하고 종합(제10장)을 담당하기로 하였다.

2. 본문 내용의 소개

먼저 중앙정부의 국회, 국민, 지방정부와의 관계 차원에서 상대적 위상 변화를 예측하였다. 다음으로 중앙정부의 조직과 인력규모로 본 정부의 크기, 인력의 전문성과 다양성, 재정의 규모와 건전성을 예측하고 마지막으로 중앙정부에서의 디지털기술의 확산을 디지털신분증, CCTV, 스마트워크, 정보화 예산 등으로 예측하였다.

제1장에서는 국회에서 의원발의 입법이 증가하고 정부제안입법이 감소하는 추세, 인사청문 대상이 점진적으로 늘어나는 추세를 고려하여 정부에 대한 국회의 통제권한이 어느 정도 늘어날지를 예측하고자 하였고, 제2장에서는 직접민주주의를 위한 국민 참여 관점에서 국민의

입법청원과 국민제안이 어느 정도로 늘어날지 예측하였다. 제3장에서는 지난 30년 동안 국가적으로 추진해온 자치분권이 중앙정부와 지방정부의 관계를 변화시키고 있을지를 예측하기 위해 중앙정부-지방정부 인사교류, 국세-지방세 비율, 중앙정부-지방정부 지출 비율 등을 예측하였다.

제4장에서는 보조기관 수와 공무원 수로 정부의 크기를 예측하였고 중앙정부 공무원에서 큰 비중을 차지하는 교육공무원의 수도 별도로 예측하였다. 제5장에서는 인력의 전문성을 측정하는 차원에서 경력채용과 개방형직위 민간인 채용 비율을 예측하였고, 우수인력 유입을 위한 민간부문 대비 공무원 보수수준을 예측하였다. 제6장에서는 공무원 인력의 다양성 측면에서 여성 고위공무원단 비율과 장애인 채용 비율의 지난 10년의 증가 추세가 지속될지에 대하여 예측하였다. 제7장에서는 재정규모와 재정의 건전성을 예측하고자 하였다. 최근의 경기침체와 코로나19 상황에서 재정규모가 급증하고 이에 따른 중앙정부채무와 조세부담의 증가 추세가 앞으로 10년 어떻게 변화될지에 대한 질문을 하였다.

정보통신기술의 급속한 발달과 범사회적인 확산에 대하여 중앙정부는 어떻게 대응하고 수용할지에 대한 질문으로 제8장에서는 전자ID, 모바일ID 등 디지털신분증과 CCTV의 확산으로 첫 수집단계에서부터 디지털 형태의 정보로 처리되는 행정환경을 예측하고, 제9장에서는 재택근무를 포함한 스마트워크와 공공부문 정보화를 위한 재원 비율을 예측하였다.

제10장은 델파이 조사 결과의 종합적 해석이라고 볼 수 있다. 중앙정부의 모습이 지난 10년간의 변화 추세와 향후 10년의 변화 추세에서 차이가 있는지, 변화 추세가 가속화되는지 또는 둔화되는지 등을 서술하였다.

3. 감사드립니다

먼저 『대한민국 정부 2030』이 발간되기까지 수고한 서울대 행정대학원 지능정보사회 정책연구센터 김대현, 노재인, 박규동, 안종석, 육은희, 은종환 전임연구원과 금강대 공공정책학부 김구민 교수에게 깊은 감사를 드리고, 발간을 기획하시고 집필에 함께해주신 정부의미래연구회 회장 정충식 교수님께도 감사드립니다. 재정 지원을 주시고 축하의 글도 주신 이원희 한국행정학회장님께 감사드리고, 델파이 조사와 발간을 응원해주신 서울대 행정대학원 임도빈 전 원장님과 정광호 원장님께 감사드립니다.

마지막으로 패널로 참여하셔서 많은 질문에 성실히 답변을 주신 45명의 전문가 여러분께 감사드립니다. 여러분 집단지성의 2030년 정부의 미래에 대한 예측값들은 오랫동안 좋은 자료로서 남아서 연구자와 정부당국자들이 활용할 것으로 확신합니다.

2020년 12월 10일

연구진을 대표하여

서울대 지능정보사회 정책연구센터장

김 동 욱

차 례

제 1 장 • 정부-국회 간 견제와 균형

제 2 장 • 국민의 정책참여 확대 노력

제 3 장 • 중앙-지방 정부 간 관계

제 4 장 • 정부의 크기와 역할

제 5 장 ● 정부의 우수인력 확보 노력

제 6 장 ● 정부의 인적 다양성 확보

제 7 장 • 중앙정부 규모와 재정건전성

제 8 장 • 디지털정부의 기반 구조

제 9 장 • 디지털정부의 업무 환경

제10장 • 종　합

부　록 • 1, 2차 델파이 결과 _ *147*

■ 찾아보기 _ *175*

제 1 장

정부-국회 간 견제와 균형

1. 선정 배경
2. 정부제안 입법
3. 국회 인사청문 대상자

1. | 선정 배경

현대 국가는 다양하고 복잡한 위기 상황 속에서 행정부의 역할이 점차 확대되는 행정국가화 경향을 노정하고 있으며, 이 과정에서 행정부와 입법부의 권력통합 경향도 확인된다(황도수, 2016). 특히 대통령제를 택하고 있는 한국의 경우 최근 권력통합 경향이 두드러지게 나타나는데, 정당이라는 매개체를 통해 국회와 행정부 간의 관계가 매우 역동적으로 변화하고 있다(박명호 · 조한유, 2011).

이러한 행정부와 입법부 간의 관계는 행정부의 조직, 인력, 예산을 결정하는 데 중요한 역할을 하며 정책의 실현 가능성까지 변화시킨다(박재창, 2009). 따라서 정부의 향후 10년을 예측하기 위해서는 행정부와 입법부 간의 관계 변화를 확인하는 것이 필요하다 할 것이다. 이에, 입법에 대하여 행정부가 행사할 수 있는 권한인 '정부제안입법'과 행정부 인사권에 대한 국회의 직접 견제 수단이 되는 '인사청문회제도'의 분석을 통해 향후 행정부와 입법부 간의 관계 변화를 예측하고자 하였다.

먼저, 정부제안 입법은 국회 입법 가운데 정부부처에 의해 제안된 법안으로서, 이는 원칙적으로 입법부의 고유 권한인 법률 제정권 중 일부를 행정부가 행사하게 되는 것을 말한다. 행정부의 대(對)입법부 견제는 대통령의 '법률안 거부권'이나 '법률안 재의 요구권'을 통해서도 확인할 수 있으나(이경선 · 박성용, 2018), 이는 매우 직접적인 개입인 탓에 횟수가 매우 적을 뿐만 아니라 대통령이라는 특정 직위만의 권한이므로 예측의 오류가 생길 가능성이 있다. 따라서 행정부 전 부처를 아우르며 행정부의 지위를 확인할 수 있는 정부제안 입법이 보다 적합한 지표가 된다.

다음으로, 국회 인사청문회제도는 국회가 국가 주요 공직 후보자의 자질과 업무 적합성 등을 공직 임명 이전에 검증하는 과정으로, 대통령의 인사권 행사를 견제하는 제도이다. 특히 인사청문회는 국회의 대행정부 견제제도 중에서도 국민들에게 그 과정이 공개되는 제도로, 국민들이 국회와 행정부 간의 관계를 직접 체감할 수 있기 때문에 그들의 관계를 확인하기에 매우 적합한 지표라고 할 수 있다.

2. ㅣ 정부제안 입법

1) 개념 및 현황

정부제안 입법은 정부에서 법률안을 제안하는 입법 절차이다. 그 근거는 「헌법」에 규정되어 있는 행정부의 법률안 제출권이다. 한국은 제헌 당시부터 현재까지 「헌법」 제52조를 통해 정부의 법률안 제출권을 인정하고 있다. 다만 해당 권한의 실제 조치에 대해서는 지난 10년간 학계에서 많은 논의가 있었다(헌법연구자문위원회, 2009; 헌법개정특별위원회, 2017).

법률안 제출권이 논의의 대상이 되는 것은 정부와 국회 간의 권력균형이 변화하고 있음을 의미하며 동시에 현행 대통령제가 갖는 강력한 권한을 반증하는 것일 수 있다. 그러나 최근 10년간의 입법 건수 변화를 보면 오히려 국회의 권한이 강해지고, 정부의 권한이 약화되고 있다고도 해석할 수 있다.

최근 10년간 국회입법 현황을 살펴보면, 원안가결 및 수정가결 된 전체 입법 건수는 매년 빠르게 증가하고 있는 반면 정부제안 입법 건수는 오히려 감소하고 있으며, 전체 입법 건수에서 차지하는 비율도 낮아지고 있다. 물론 정부제안 입법만 보았을 때는 전체 제안 대비 가결률이 국회의원 입법의 가결률보다 높게 나타나지만(김종철 외, 2017), 정부제안 입법의 전체 수가 감소하고 있는 것은 사실이다. 흥미로운 점은 새로운 국회 임기가 시작하고 1년이 지난 후 전체 입법 건수가 급증한다는 점이다. 이에 반해 정부제안 입법 건수는 특이점을 찾기 어려운데,

❙표 1.1❙ 정부제안 입법 현황

(단위: 건)

연도	전체	정부제안	비율(%)
2010	3182	548	17.2
2011	3809	353	9.3
2012	3308	302	9.1
2013	5503	259	4.7
2014	4384	323	7.4
2015	4763	266	5.6
2016	4975	338	6.8
2017	6102	263	4.3
2018	6612	275	4.2
2019	6250	211	3.4

주: 원안가결, 수정가결 결과만 포함

출처: 국민참여입법센터, 각 연도.

이는 해당 현황이 원안가결 및 수정가결 된 입법 건수만을 제시하고 있는 점에서 비롯되는 한계라고 할 수 있다.

2) 델파이 질문 및 조사 결과

델파이 질문

> 정부제안 입법은 매년 그 수가 감소하고 있으며, 전체 국회 발의 법률에서 차지하는 비율 역시 매년 감소하는 추세를 보이고 있습니다. 한편 선행연구는 의원발의보다 정부제안 입법의 성공률(가결 수)이 더 높다고 보았습니다(정하용, 2017). 위의 추세를 종합적으로 살펴보았을 때, 2025년과 2030년에서의 정부제안 입법 수와 그 비율을 예측하여 주세요.

정부제안 입법 건수의 경우 2025년과 2030년 모두 중윗값이 200건으로 동일하게 예측되었다. 이는 2019년 대비 11건 감소한 수준이다. 정부제안 입법 비율 역시 2025년과 2030년 모두 중윗값이 3%로서, 2019년 대비 약 0.4%p 감소할 것으로 예측되었다.

| 그림 1.1 | 정부제안 입법 건수 3차 델파이 결과

2025년 예측치 분포(단위: 건)

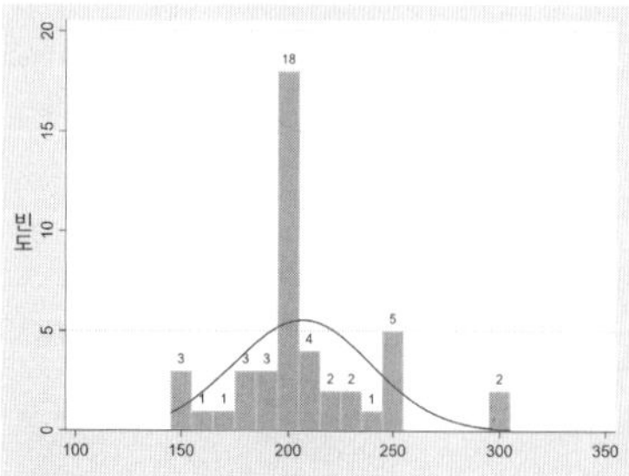

- 평균: 206.8
- 중윗값: 200
- 응답 수: 45

2030년 예측치 분포(단위: 건)

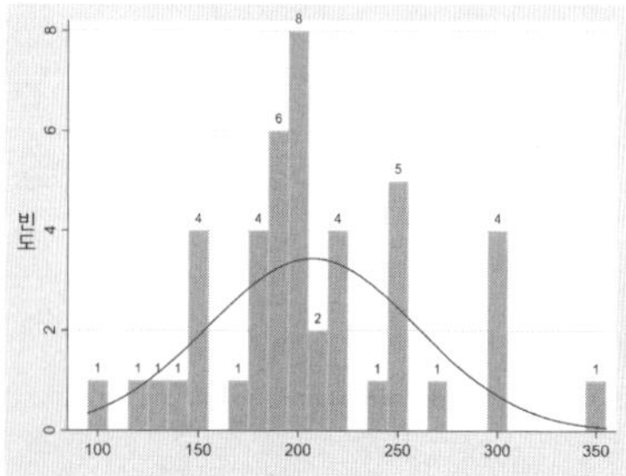

- 평균: 207.32
- 중윗값: 200
- 응답 수: 45

| 그림 1.2 | 정부제안 입법 비율 3차 델파이 결과

2025년 예측치 분포(단위: %)

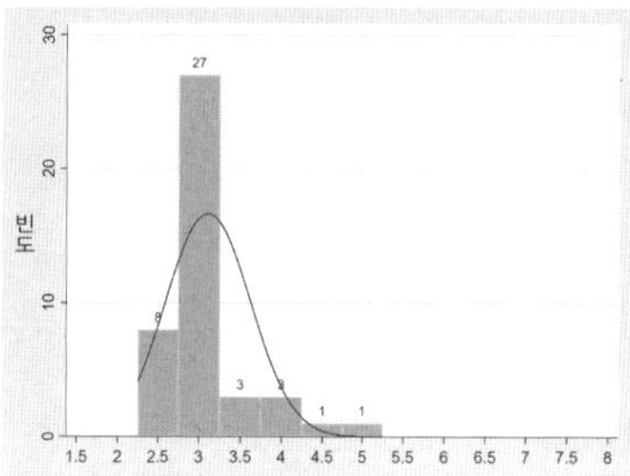

- 평균: 3.3
- 중윗값: 3.0
- 응답 수: 44

2030년 예측치 분포(단위: %)

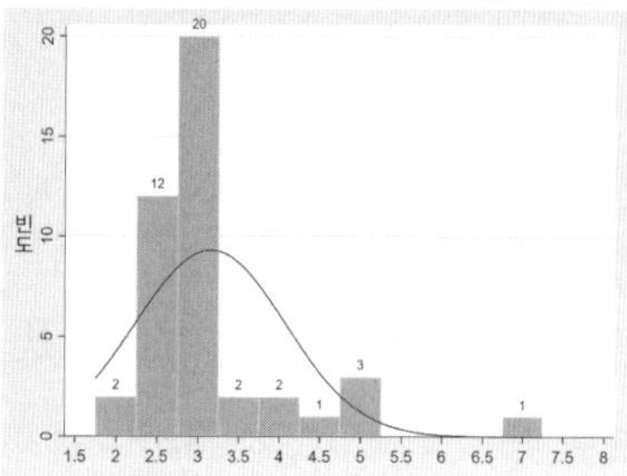

- 평균: 3.3
- 중윗값: 3.0
- 응답 수: 44

3) 결과의 해석

증가 요인	증가 억제 요인
• 정부 자체적 입법 수요 및 의료, 과학 등 전문 분야의 입법 수요 증가 • 위기 상황 후 행정부 역할 강화 • 전반적으로 의원 및 정부 입법의 양적 증가 • 국회에 대한 입법 감시 증가	• 국회의원의 전문성 향상 • 법률의 제정보다는 개정이 의원입법에 유리하여 증가할 것임 • 의원입법이 상대적으로 입법 절차의 효율성 높음 • 정부제안 입법은 시간과 노력이 많이 소요됨

응답자들이 정부제안 입법 건수 및 비율의 소폭 감소를 예측한 요인은 크게 국회 기능의 강화와 정부제안 입법과정의 어려움으로 정리된다.

우선, 국회 기능이 강화된다는 것은 국회의 전문성이 향상되고 국민과 여론을 대변하는 국회의원의 역할이 강화됨을 의미한다. 실제로 최근 정당들의 행보를 보면, 새로운 인사 영입 시 정치적 영향력을 갖는 인물뿐만 아니라 다양한 분야의 전문가들 및 각 연령과 계층을 대변할 수 있는 인물을 고려한다. 이러한 인재 영입 트렌드는 국회의 전문성과 대표성을 향상시키고, 그렇게 선출된 각 분야 · 연령 · 계층을 대표하는 국회의원들은 복잡하고 심화된 사회 갈등을 국회를 통해 공론화하여 이를 조율하는 역할을 담당할 수 있게 된다. 이는 국회의 전문성과 대표성 향상을 통해 국회 기능이 강화됨을 의미한다.

국회 기능이 강화되는 또 다른 원인은 2017년 박근혜 정부의 국정농단 사태에 따른 행정부에 대한 국회 기능 강화가 하나의 흐름이 되었다는 것이다. 실제로 최근 10년간 입법 추이를 살펴보면 2017년을 기점으로 입법 건수가 크게 증가하는 모습을 확인할 수 있다. 일부 응답자는 이와 관련하여 국정농단 사태 이후 대통령의 절대 권력을 견제해야 한다는 여론이 높았고, 이를 위한 입법부의 권한 강화 움직임이 입법 건수로 나타난 것이라고 추정하기도 한다.

다음으로, 대부분의 응답자들은 정부제안 입법과정의 어려움이 정부제안 입법의 감소 요인이라고 응답하였다. 즉, 현재 정부발의 법안들은 규제영향분석 등을 거쳐야 하므로 이 과정에서 법안이 국회로 제출되는 데까지 상당한 시간과 노력이 든다. 따라서 정부부처는 의원들을 통한 우회 입법으로 자신들이 원하는 법률을 입안하기 쉽다. 이는 의원들의 입법 실적과 연관하여 상호 편의를 증대시켜 의원입법은 증가하고 정부제안 입법은 감소할 것이라고 예측하였다.

이 외에도 일부 증가 요인으로 논의된 것들은 '행정의 전문성'과 '큰 정부로의 변화 요구'로, 국회의원들의 전문성이 향상된다 하더라도 「정부조직법」이나 「국가공무원법」 등 정부 자체적으로 결정할 사항이 존재하기 마련이며, 기술적으로 전문성을 요하고 정부의 책임성이 큰 영역의 법률은 여전히 정부제안 입법 수요가 존재할 것이라는 의견이다. 또한 코로나19 위기를 겪으며 보건 및 의료 영역에서 정부의 역할에 대한 기대가 커진 바 있고, 향후 이러한 예상치 못한 위기나 사회환경 변화로 인해 정부제안 입법이 증가할 것이라고 보는 견해도 있었다.

3. | 국회 인사청문 대상자

1) 개념 및 현황

인사청문회는 국회가 고위 공직 후보자에 대한 적격성 여부를 검증하는 절차로, 고위공직자 임명 시 정당성을 확보하고 대통령의 인사권 행사를 견제하기 위한 제도이다. 한국은 2000년 6월 「인사청문회법」이 제정되면서 처음 인사청문회가 도입되었으며, 같은 해 이한동 국무총

| 표 1.2 | 「인사청문회법」 개정 시기와 인사청문 대상의 변화

연도	제정 · 개정	인사청문 대상자	직위 수	중앙행정 기관 인사 수
2000	제정	**국무총리(후보자 포함)**, 대법원장, 헌법재판소장, **감사원장**, 대법관 13인, 헌법재판소 재판관 3인, 중앙선거관리위원회 위원 3인	7	2
2003	2차 개정	**국가정보원장, 국세청장, 검찰총장, 경찰청장** 추가	11	6
2005	3차 개정	대통령과 대법원장이 지명하는 헌법재판소 재판관 6인, 중앙선거관리위원회 위원 6인, **국무위원(행정 각 부의 장, 2005년 기준 18인)** 추가	14	24
2007	4차 개정	**합동참모의장** 추가	15	25
2008	5차 개정	**방송통신위원장** 추가	16	26
2012	7차 개정	**공정거래위원장, 금융위원회 위원장, 국가인권위원회 위원장**, 한국은행 총재 추가	20	29
2014	9차 개정	**특별감찰관**, 한국방송공사 사장 추가	22	30
2020	10차 개정	**고위공직자범죄수사처장** 추가	23	31

리 내정자에 대한 인사청문회가 실시된 이래로 현재까지 인사청문회 대상자는 꾸준히 증가하고 있다.

최근 10차 개정을 통해 고위공직자범죄수사처장이 청문회 대상자로 포함되었으며, 2020년 현재 인사청문회 대상 직위 수는 총 23개, 인원은 66명이다. 이 중 중앙행정기관의 인사청문회 대상자는 총 31명으로 전체 인원의 47%에 해당한다.

2) 델파이 질문 및 조사 결과

델파이 질문

중앙행정기관 관련 인사청문회 대상 직위의 수는 법이 개정될 때마다 지속적으로 증가하였고, 2014년 이후 30명으로 유지되었습니다. 최근 고위공직자범죄수사처장이 인사청문회 대상자로 추가되며 2020년 기준 총 31명이 인사청문회 대상자에 포함됩니다. 2025년과 2030년에서의 중앙행정기관 관련 인사청문회 대상 수를 예측하여 주세요.

응답자들은 중윗값 기준으로 2025년 인사청문회 대상자 수를 32명, 2030년 대상자 수를 35명으로 예측하였다. 2020년 현재보다 4명 정도 향후 증가할 것으로 예측한 것이었다.

| 그림 1.3 | 국회 인사청문회 대상자 3차 델파이 결과

2025년 예측치 분포(단위: 명)	2030년 예측치 분포(단위: 명)
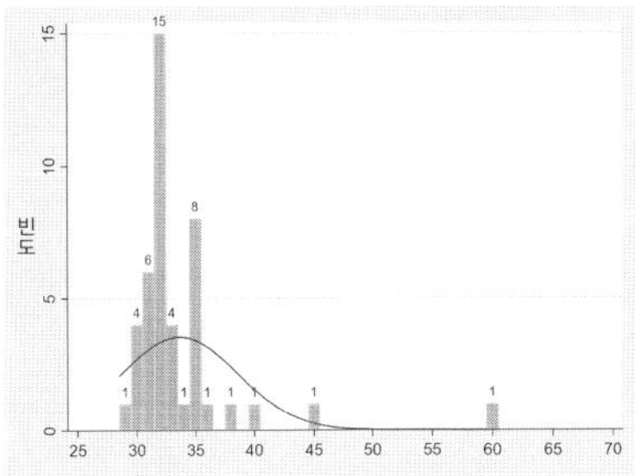	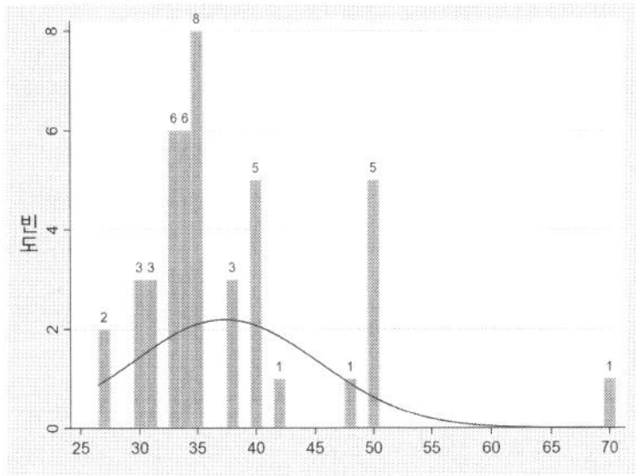
• 평균: 36.9 • 중윗값: 32 • 응답 수: 45	• 평균: 43.2 • 중윗값: 35 • 응답 수: 45

3) 결과의 해석

증가 요인	증가 억제 요인
• 제왕적 대통령의 견제여론 증가 • 신설 고위 직위의 증가 • 고위공직자들에 대한 도덕성, 투명성, 청렴 등에 대한 대중의 요구 증가 • 청문회를 정치적 홍보에 활용	• 정치적 효용성 높은 공직의 증가가 크지 않을 것 • 청문 결과와 무관하게 임명되면서, 인사청문회의 무용론 부상 • 중앙행정기관 수의 증가가 크지 않을 것

응답자들은 향후 10년간 인사청문회 대상자 수가 증가할 것이라고 예측했다. 흥미로운 점은 응답자들의 대부분이 인사청문회 대상자의 감소 추세를 예측하지 않았다는 점이다. 즉, 대부분의 응답자는 인사청문회 대상이 유지되거나 증가할 것으로 예측하였으며 감소하더라도 조직 개편으로 인한 1명 내외의 감소만을 예측하였다. 따라서 인사청문회 대상자의 변화는 증가와 감소의 문제가 아니라 증가의 원인

이 무엇인지, 증가한다면 어떤 직위들이 그 대상에 포함될지가 쟁점이 된다.

응답자들이 제시한 인사청문회 대상자의 증가 요인은 크게 '행정부에 대한 견제', '대중의 요구', '정치적 수단으로의 활용'으로 정리된다. 앞서 현황에서도 논의한 바와 같이, 한국의 인사청문회는 제도적으로 국회가 행정부를 견제하도록 되어 있지만 국회의 실질적 권한은 크지 않다. 응답자들 역시 이와 유사한 의견을 제시하였으며 국회가 제왕적 대통령에 대한 견제 기능을 강화하기 위해 인사청문회 대상 수를 증가시킬 가능성이 높다고 보았다. 또한 응답자들은 제왕적 대통령에 대한 견제 여론이 국회뿐만 아니라 대중들 사이에서도 높다고 보았다. 즉, 투명성에 대한 국민들의 요구는 점차 커지고 있으며 이러한 국민들의 기대에 부응하기 위해 더 많은 직위가 인사청문회의 대상으로 포함될 것이라고 예상하였다.

인사청문회는 견제의 기능도 있으나 정치적으로는 반대자를 공격하는 상징적 기능을 수반한다. 일부에서는 인사청문회가 개인의 능력 검증 과정이라기보다는 과거 윤리적 기준에 따른 정치적 논쟁에 불과하여 소모적이고 실효성이 낮다는 평도 있으나 오히려 이러한 청문회의 상징적 기능 때문에 정당들은 국민들의 지지율을 높이는 수단으로 인사청문회를 활용할 것이므로 대상자 수는 증가하리라고 보는 견해가 보다 지배적이다.

인사청문회 대상자가 증가할 것이라고 예측한 응답자들은 인사청문회 확대 대상 범위로 국가보훈처장, 국민권익위원장, 법제처장, 인사혁신처장, 통계청장, 방위사업청장, 원자력안전위원장, 처·청 등의 차관급 기관장의 직위를 언급하였으며 주요 공기업이나 국립대학 총장, 주요국 대사 등까지의 확대 가능성도 예측하였다.

하지만 한편으로 인사청문회 대상자가 이미 포괄적이므로 그 수가 현재의 수준을 유지할 것이라고 보거나 중장기적으로 소폭만 증가할 것이라고 예측한 응답자들도 있다. 그들은 인사청문회 대상이 될 수 있는 정치적 효용성이 높은 공직 수가 크게 늘지 않을 것이며, 인사청문회 자체가 소모적이고 실효성이 낮다는 비판을 증가 억제 요인으로 꼽았다.

참고문헌 *Reference*

1. 국회 헌법개정특별위원회. (2017).「헌법개정 주요 의제」.
2. 김종철 · 이승현 · 이계일 · 심우민. (2017).『입법과정의 현대적 재구성(혁신)방안 연구』. 세종: 한국 법제연구원
3. 김창준. (2017).「미국과 한국의 국회 인사청문회 제도 비교」, 국회전자자료, 1-5.
4. 박명호 · 조한유. (2011).「한국적 국회-행정부 관계의 모색」.『사회과학연구』, 18(2), 107-126.
5. 이경선 · 박성용. (2018).「정부 법률안 제출권의 존폐에 관한 고찰」.『입법학 연구』, 15(2), 131-169.

제 2 장

국민의 정책참여 확대 노력

1. 선정 배경
2. 국민청원입법
3. 국민제안 건수

1. ㅣ 선정 배경

‘국민청원입법’과 ‘국민제안’은 국민의 직접적인 정책참여를 이끌어 내려는 목적을 가진 제도들이다. 국민청원입법이란 법률 · 명령 · 조례 · 규칙 등의 제정 · 개정 또는 폐지에 대해 국민이 국회 또는 지방 의회를 통해 직접 건의할 수 있는 제도이고(「청원법」 제4조), 국민제안은 업무절차나 행정서비스(중앙정부 · 지방자치단체 · 교육청)에 관한 개선방안에 대한 의견을 서비스 수요자(국민)로부터 직접 받기 위해 마련된 제도이다(행정안전부, 2019).

이러한 제도들은 직접민주주의의 요소를 도입하여 대의민주주의 체제의 단점을 보완한다는 취지에도 불구하고, 다소 부진한 활용도를 보여 왔다. 첫째로 국민청원입법의 이용이 미진하였던 이유로는 반드시 의원의 소개를 거쳐서 청원이 이루어져야만 하는 절차의 번거로움이 꼽히고 있다(김은주, 2018). 따라서 정부는 2020년 1월부터 온라인 환경을 활용하여 그러한 절차적 비효율성을 경감시킨 개정안을 시행하고 있는 상황이다. 둘째로 국민제안의 경우 제안자들이 그들 스스로 착상한 아이디어를 객관적인 뒷받침 자료 없이 제출하였기 때문에 정부 담당자의 입장에서 실제로 채택할 수 없는 경우가 많으며, 이에 따라 제안자들의 효용감 하락으로 인해 국민제안 건수가 증가하지 못하고 있는 것으로 나타나고 있다. 따라서 정부는 제안자에게 제안서 가이드라인을 제공하는 등 제안의 질적 향상을 도모하기 위한 정책을 추진하고 있다.

이 두 제도는 국민의 정책참여 확대, 소수의 목소리 반영 등 기존의 대의민주주의 체제하에서 추구하기 어려운 목표를 달성하기 위해 필요한 것이며, 따라서 현재까지의 문제점을 개선하여 높은 활용도를 이끌어내는 것은 중요한 정책적 과제라 할 수 있다. 이 장은 이러한 제도들의 미래 활용도를 예측하고, 그 예측 근거들을 취합하여 향후 원활한 운영에 필요한 시사점을 제시하고자 한다.

2. ㅣ 국민청원입법

1) 개념 및 현황

국민청원입법이란 국민이 직접 국회에 청원할 수 있는 제도로, 「청원법」에 따르면 국민은 피해의 구제, 공무원의 위법 · 부당한 행위에 대한 시정이나 징계의 요구, 법률 · 명령 · 조례 · 규칙 등의 제정 · 개정 또는 폐지, 공공의 제도 또는 시설의 운영, 그 밖에 국가기관 등의 권한에 속하는 사항에 대해 문서로 국회에 청원할 권리를 가진다(「청원법」 제4조).

그동안 국민청원입법제도는 '의원소개청원' 절차를 통해 청원이 이루어지도록 되어 있었다. 이는 청원안을 제출하고자 하는 국민이 국회의원의 소개를 받아 제출양식을 작성하여 국회사무처에 직접 방문 제출하거나, 소개 의원실을 경유하여 제출하는 방식을 의미한다.

하지만 청원 처리 건수는 해마다 감소하는 것으로 나타났는데, 의원소개청원 절차의 복잡성이 이러한 추세의 주요 요인인 것으로 분석되었다(정재환, 2018). 이와 같은 문제를 보완하기 위해 국회의원의 소개 없이, 온라인으로 청원안을 제출할 수 있도록 하는 개정이 이루어지게 되었고, 2020년 1월 10일부터 국회 국민동의청원 홈페이지가 운영되고 있다. 개정된 규정에 따르면 국민동의청원 홈페이지를 통하여 등록된 청원이 30일 이내에 100명의 찬성을 받을 경우, 그날부터 7일 이내에 국회는 청원 요건에 대한 검토를 마칠 의무를 지는 것으로 규정되어 있다. 기존의 의원소개청원제도도 그대로 유지되므로 국민들은 '국민동의청원'과 '국회의원 소개청원' 중 하나를 자율적으로 선택하여 이용할 수 있다.

국민청원입법 처리 현황의 최근 10년 추세는 〈표 2.1〉과 같다. 2020년 이전의 수치는 국회의원 소개를 받아 청원서를 제출하는 방식의 청원이며, 2020년 수치는 국민동의청원에 해당된다. 추세를 보면 2012년부터 2015년까지 비슷한 수준을 유지하다가 2016년부터 큰 폭으로 감소하기 시작하여 온라인을 통한 국민동의청원이 시행되기 직전인 2019년에는 2건에 불과한 것으로 나타났다.

❙ 표 2.1 ❙ 청원 처리 현황(접수일 기준)

(단위: 건)

연도 / 청원 종류 구분	2012	2013	2014	2015	2016	2017	2018	2019	2020
의원소개	59	73	36	63	20	11	10	2	–
국민동의	–	–	–	–	–	–	–	–	1

주: 의결 결과를 고려하지 않은 수치로, 의결 일자에 따라 목록에 노출되지 않을 수 있어 검색 시점에 따른 오차 발생 가능

출처: 의안정보시스템(2020년 5월 18일 검색)

2) 델파이 질문 및 조사 결과

델파이 질문

> 청원을 통한 입법 건수는 매년 감소하는 추세를 보이고 있습니다. 그러나 국회가 2020년 1월 국민동의청원(전자청원시스템)을 도입한 이후 5월까지 약 4개월간 총 15개의 청원이 동의 진행 중에 있으며 6건의 청원이 위원회에 회부되어 심사를 진행 중에 있습니다. 국민동의청원의 도입의 효과를 고려하여 2025년과 2030년에서의 국민청원입법 건수를 예측하여 주세요.

중윗값 기준으로 2025년의 예측치는 30건이고 2030년의 예측치는 50건으로 나타나, 응답자들은 전반적으로 국민청원 처리 건수가 점차 증가할 것으로 예상하였다.

| 그림 2.1 | 국민청원입법 3차 델파이 결과

2025년 예측치 분포(단위: 건)	2030년 예측치 분포(단위: 건)
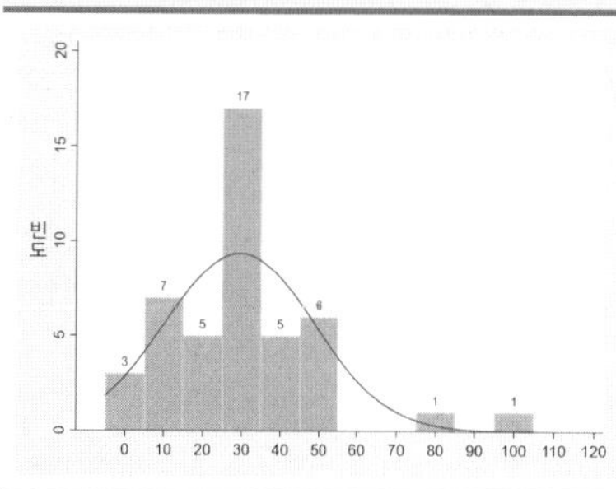	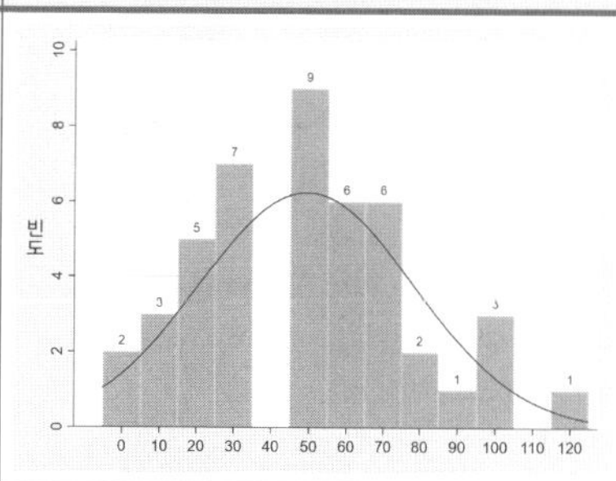
• 평균: 29.5 • 중윗값: 30 • 응답 수: 45	• 평균: 49.5 • 중윗값: 50 • 응답 수: 45

국민청원입법 처리 건수는 2013년 73건을 기록한 이후 지속적으로 감소하는 추세를 보인 결과 2019년에는 2건에 불과하였다. 델파이 조사 결과를 종합하면 이러한 감소 추세가 반전되어 2025년에는 국민청원 처리 건수가 현재에 비해 크게 증가할 것이며(중윗값=30), 2030년까지도 지속적으로 증가할 것으로 예상하는 답변이 다수를 차지하였다(중윗값=50).

이처럼 응답자들은 전반적으로 현재에 비해서는 국민들의 국민청원입법제도 활용이 확대될 것이라는 것에는 동의하였다. 하지만 2030년 예측치 중윗값이 50건인 것에서 보듯 2030년까지 최근 10년 동안의 최대치였던 73건(2013년)에 다시 도달하는 것에 대해서 응답자들은 전반적으로 회의적인 전망을 보였다.

3) 결과의 해석

증가 요인	증가 억제 요인
• 언택트 환경으로 인한 온라인 활동 활성화 • SNS로 인한 국민들의 정책에 대한 관심 증가 • SNS를 통한 청원 동의 독려 활동 예상됨 • 전자청원(국민동의청원) 시행으로 인해 청원 절차 간소해짐 • 시민사회단체, 이익집단의 활동 증가 • 국민 개개인의 정치에 대한 관심도 증가 • 간접민주제에 대한 비판과 시민들의 직접 참여 의지 향상 • 청와대 국민청원제도의 대중성 확보가 청원입법제도의 활성화로 이어질 수 있음	• 국민청원입법제도 대신 국민신문고나 청와대 국민청원, SNS 등이 국민들의 의견 표출 수요를 흡수할 것으로 예상됨 • 사회문제의 복잡성 증가로 인하여 입법과정에는 높은 수준의 전문성(법률 간 충돌 확인, 위헌 소지, 이해관계 조정 등)이 요구됨 • 전문성 문제로 인해 개인 의견 표출 이상의 적극적인 행동이 쉽지 않음 • 국민과 정부 간 정보 비대칭성 및 입법 준비역량 차이 • 국민동의청원 홈페이지를 통해 국민들의 동의를 얻는 청원안이 신청되더라도 그것이 심의, 의결 등 과정을 통해 입법이 되는 건 쉽지 않음

응답자들은 국민들의 국민청원입법 활용도에 영향을 줄 수 있는 요인들을 증가 요인과 증가 억제 요인으로 나누어서 제시하였다. 응답자들이 제시한 국민청원입법제도 이용의 증가 요인은 크게 두 가지로 정리할 수 있다.

첫 번째로 기술 환경의 변화, 코로나19 대유행 등의 요인으로 인해 미래에는 국민들의 활동반경이 더욱 온라인 기반으로 옮겨 갈 것이고, 이것이 국민청원입법제도의 활용도에 긍정적인 영향을 끼칠 것이라는 의견이다. 세부적으로는 SNS의 대중화로 인한 국민들의 정책에 대한 관심도 증가, SNS를 통한 청원안에 대한 동의 독려활동 확대 등 SNS와 관련된 증가 요인들이 있다. 또한 국민동의청원 홈페이지를 통해 2020년부터 온라인으로 청원입법 활동이 가능해졌다는 점도 증가 요인으로 지목되었다. 두 번째로 시민단체, 이익단체들의 활동이 증가하고 있는 추세, 국민들의 정책에 대한 관심이 높아져 직접적인 정치참여에 대한 수요가 증가하고 있는 추세도 국민청원입법제도 이용에 대한 증가 요인으로 제시되었다.

응답자들이 제시한 증가 억제 요인들은 모두 입법 활동에는 정책에 대한 고도의 전문성이 필요하다는 점에 주목하고 있다. 응답자들은 국민들이 점점 복잡해지는 사회문제들에 대해 전문성이 필요한 입법청원 대신 주로 청와대 국민청원 또는 SNS 등을 통해 의견을 표출할 것이라고 예상했으며, 제출된 청원안이 있더라도 그것이 심의를 거쳐 실제 법안으로 입안되는 것은 쉽지 않을 것이라고 전망하였다.

3. ㅣ 국민제안 건수

1) 개념 및 현황

국민제안은 업무절차나 행정서비스(중앙정부 · 지방자치단체 · 교육청)에 관한 개선방안 의견을 서비스 수요자(국민)로부터 직접 받기 위해 마련된 제도로 1997년 최초로 실시된 이후 점차적으로 확대 · 개편되어 왔다. 이와 같은 아이디어 수렴의 목적 이외에도 국민제안제도에는 참여민주주의의 확산 추세에 대응하여 정부와 국민의 직접적인 소통을 촉진하는 목적도 포함되어 있다(최현선, 2019).

정부에서는 제안자들이 최대한 수월하게 제안을 제출할 수 있도록 국민권익위원회에서 운영하는 국민신문고 웹사이트를 이용할 수 있게 하고 있고, 개별 기관에서도 상금을 조건으로 제안 공모를 하는 등 노력을 기울이고 있다.

하지만 제출된 제안 중 실제 정책으로 발전되는 경우는 많지 않은 상황이다. 그 이유는 다수의 국민제안들이 제안의 타당성을 뒷받침할 수 있을 정도의 충분한 배경 자료를 제시하지 못하고 있기 때문에 심사 공무원의 입장에서 채택하기 어려운 경우가 많기 때문이다. 이러한 낮은 채택률은 제안자들의 참여 효능감을 저하시키는 효과를 가져오기 때문에 결국 제안 건수 자체도 감소하고 있는 것으로 관찰되고 있다.

이처럼 국민제안제도의 필요성에도 불구하고, 제도가 좀 더 효율적으로 실행되기 위해 개선해야 할 부분들이 많은 상황이다. 따라서 행정

| 표 2.2 | 국민제안 건수

(단위: 건)

연도	2010	2011	2012	2013	2014	2015	2016	2017	2018	2019
심사 (제안)	76,651	92,236	85,033	101,771	106,235	90,377	73,270	63,182	75,312	67,548

주: 신청 건 중 창의적인 행정개선안을 제안으로 접수하여 1개월 내 채택 여부 결정
출처: 국민신문고 통계자료(2019년 4분기 자료 활용)

안전부는 다양한 홍보, 제안방법을 지도해주는 교육 프로그램 운영, 우수제안 경진대회 등을 통해 국민제안의 질적 수준 제고를 위한 노력을 기울여왔다(행정안전부, 2019). 이와 같은 노력을 더 확대하여 양적으로는 보다 다양한 배경을 가진 국민들이 국민제안에 참여하도록 장려하여 제출된 제안의 건수를 증가시킬 필요가 있으며, 제출되는 제안의 질적인 완성도를 제고할 수 있는 방안의 마련도 필요한 상황이라 할 수 있다.

국민제안 건수의 최근 10년 추세는 〈표 2.2〉와 같다. 2010년부터 2014년까지 증가 추세를 유지하다가 2015년부터 다시 감소하기 시작하여, 2019년에는 2010년보다도 국민제안 건수가 9천여 건이 줄어들었다.

2) 델파이 질문 및 조사 결과

델파이 질문

현재 우리나라는 국민신문고의 국민제안제도를 통해 정책 수요자인 국민으로부터 개선방안을 수렴하고 이를 실제 정책에 반영하고 있

습니다. 최근 10년간 신청된 제안은 평균 10만 6,154건으로 매년 약 5%의 제안이 채택되며 이 중 22.4%는 실제 정책으로 반영되어 실시되고 있습니다. 국민제안 건수는 2008년 7만 6천여 건, 2014년 10만 6천여 건, 2019년 6만 7천여 건입니다. 2025년과 2030년에서의 국민제안 건수를 예측하여 주세요.

국민제안 건수는 2014년 최고치(10만 6,235건)를 기록한 이후 지속적으로 감소하는 추세를 보이고 있으며, 2019년에는 지난 10년간 최저치(6만 7,548건)를 기록하였다. 본 델파이 조사 결과를 종합하면 이러한 감소 추세가 반전되어 2025년에는 국민청원 처리 건수가 현재에 비해 다소 증가하여(8만 건), 2030년까지도 지속적으로 증가할 것으로 예상하는 답변이 다수를 차지하였다(8만 5,000건).

| 그림 2.2 | **국민제안 건수 3차 델파이 결과**

2025년 예측치 분포(단위: 만 건)	2030년 예측치 분포(단위: 만 건)
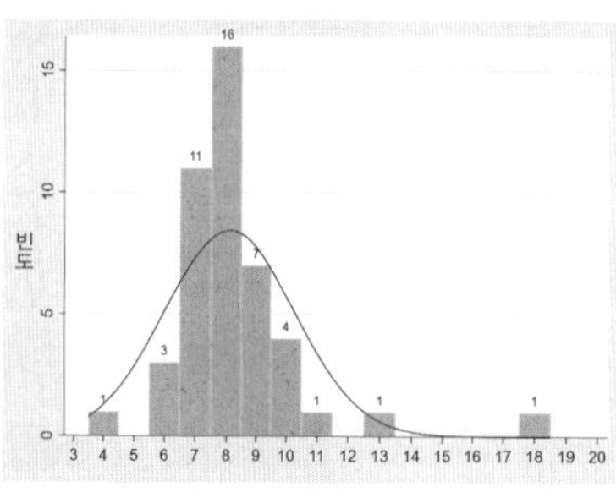	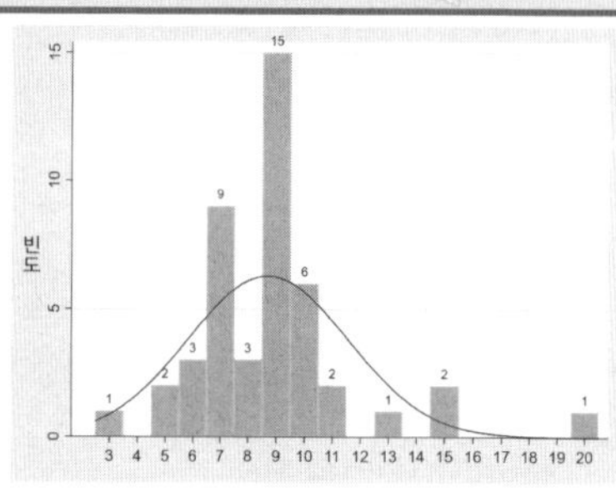
• 평균: 8.1 • 중윗값: 8.0 • 응답 수: 45	• 평균: 8.7 • 중윗값: 8.5 • 응답 수: 45

이처럼 응답자들은 전반적으로 현재에 비해서는 국민들의 국민제안제도 활용이 확대될 것이라는 의견을 가지고 있었다. 하지만 2030년 예측치 중윗값이 8만 5,000건인 것에서 보듯, 최근 10년 동안의 최대치였던 10만 6,235건(2014년)에 2030년까지 다시 도달하는 것은 어려울 것이라는 예측이 우세하였다.

3) 결과의 해석

증가 요인	증가 억제 요인
• SNS 등 정보통신기술의 확산 • 코로나19 상황으로 인한 온라인 활동 증가 • 온라인 환경에 익숙한 젊은 세대층의 여론선도층 진입 • 국민의 정책참여욕구 증대 • 국민의 공공문제와 사회이슈에 대한 관심도 증가	• 타당성 있는 제안을 위해서는 행정에 대한 높은 수준의 전문성이 요구됨 • 대상 공공기관에서의 낮은 제안 채택률, 저조한 실시율, 불성실한 답변 등 • 국민의 입장에서 적극적으로 제안할 유인이 부족함

응답자들은 국민들의 국민제안제도 활용에 영향을 줄 수 있는 요인들을 증가 요인과 증가 억제 요인으로 나누어서 제시하였다. 응답자들이 제시한 국민제안제도 이용의 증가 요인은 크게 두 가지로 정리할 수 있다.

첫 번째로 정보통신기술의 확산, 코로나19 상황으로 인한 비대면 환경으로의 전환 등으로 인해 현재에 비해 더 많은 영역이 온라인 기반으로 옮겨 갈 것이므로, SNS 등의 온라인 매체를 통한 국민제안제도의 홍보나 전파가 보다 가속화될 것이라는 의견이다. 또한 이러한 추세는 온라인 환경에 이미 익숙한 젊은 세대층이 여론 선도층에 진입하고 있는 시점이 되면 더욱더 가속화될 것이라고 예상되었다. 두 번째로 현재의 국민들은 과거에 비해 정책에 대한 높은 관심도와 참여욕구를 가지고 있기 때문에 이 또한 국민제안제도의 활용을 확대시킬 수 있는 요인으로 지목되었다.

반면 증가 억제 요인으로 제시된 사항들 역시 크게 두 가지로 나뉘었다. 첫 번째는 제안자들이 행정에 대한 전문성을 획득하기 어렵기 때문에 높은 수준의 제안이 나오기 어렵다는 점이다. 이러한 상황은 결국 낮은 채택률로 연결되기 때문에 제안의 제출에서 오는 제안자의 효능감이 떨어지게 되므로 제안 건수의 감소로 이어질 수 있다. 두 번째는 제안이라는 행위 자체가 제안자에게 보상을 가져다주는 것은 아니므로 많은 국민들이 적극적으로 국민제안제도를 활용할 유인이 적기 때문에 본 제도의 지속적인 성장에는 한계가 있다는 의견이었다.

▍참고문헌 *Reference*

1. 김은주. (2018). 『국민참여와 소통 확대를 위한 행정절차 법제 정비 방안 연구』. 서울: 한국행정연구원.
2. 정재환. (2018). 『유럽의 e-청원제도와 시사점』. 서울: 국회입법조사처.
3. 최현선. (2019). 『국민참여 확대를 위한 제안활성화 방안 연구』. 서울: 한국정책학회.
4. 행정안전부. (2019). 『2019년도 국민 · 공무원제안 운영 계획』. 세종: 행정안전부.

제3장

중앙-지방 정부 간 관계

1. 선정 배경
2. 중앙-지방 간 인사교류
3. 국세와 지방세 징수비율
4. 총지출 중 중앙정부 지출비율

1. ㅣ 선정 배경

1995년 지방자치단체장 선거 이래로 지방자치는 꾸준히 발전하고 있고, 지방정부는 중앙정부에 대한 목소리를 한층 강화하고 있다. 역대 정부는 국가균형발전의 주요 전략으로서 자치, 분권, 혁신을 통한 효율적이고 협력적인 중앙-지방 정부 간 관계를 지속해서 추진해왔다. 바람직한 미래의 정부는 중앙정부로부터의 체계적인 분권화뿐만 아니라 주민참여로부터의 민주적인 자치를 실현해야 할 것이다.

그러나 자치와 분권의 기본적 가치라 할 수 있는 다양성과 자치역량은 여전히 미흡하다는 지적이 많다(김순은, 2015). 특히 재정적 분권화와 행정적 분권화의 수준은 상대적으로 미흡하다는 평가를 받고 있다(한국행정연구원 · 한국행정학회, 2017). 지금보다 더 나은 자치와 분권을 실현하기 위해서는 중앙-지방 간 재정적 · 행정적 관계를 나타내는 다양한 지표와 추세를 지속적이고 주의 깊게 관찰해야 한다. 그리고 이들 지표에 영향을 미치는 변화 동인을 체계적으로 분석하고 다가올 미래에 대비해야 할 것이다. 여기에서는 중앙-지방 간 관계를 정량적으로 나타내는 지표로서 (1) 중앙-지방 간 인사교류, (2) 국세와 지방세 징수 비율, (3) 중앙과 지방의 정부지출을 선정하여 향후 10년 동안의 정부 간 관계의 변화를 가늠해보고자 하였다.

먼저 중앙-지방 간 인사교류의 규모는 미래사회가 맞이하게 될 국가의 정책과제들을 해결하기 위한 중앙과 지방 간 정책 연결망의 강도를 나타낸다(김이수, 2017). 중앙-지방 간 세입 · 세출 비율은 재정 분권화의 수준, 지방자치의 재정적 지속가능성, 자율성, 책임성을 나타내는 지표라 할 수 있다(우명동, 2019).

2. ㅣ 중앙-지방 간 인사교류

1) 개념 및 현황

인사교류의 유형에는 (1) 중앙부처 간 교류, (2) 중앙정부와 지방자치단체 간 교류, (3) 중앙정부와 공공기관 간 교류, (4) 정부와 민간부문 간 교류 등 네 가지가 있다. 이 가운데 중앙-지방 간 인사교류는 중앙정부의 정책기획능력과 지방의 현장경험을 결합해 행정의 시너지 효과를 높이고 지방의 역량을 강화하는 목적을 지닌다(박천오 외, 2020).

중앙-지방 간 인사교류는 2004년부터 중앙부처와 광역지자체 간 3~5급 교류로 시행되었으며, 2005년에는 6급으로 확대되었다. 그 후 2007년 7급, 2013년 8~9급으로 대상 직급이 거듭 확대되었다. 또한, 2006년에는 대상 기관이 광역 및 인구 50만 명 이상 기초자치단체에서 모든 지방자치단체로 확장되었다(「e-나라지표 해설」 참조).

이러한 정책적 노력은 인사교류의 실질적인 증가로 귀결되었는데, 〈표 3.1〉을 보면 중앙-지방 간 인사교류는 2010년 170건에서 2019년 364건으로 배증한 것을 확인할 수 있다. 특히 교류자 대부분이 5·6급으로서, 중간관리층 간 교류를 통해 정책 수립 및 집행상의 연계에

| 표 3.1 | 중앙-지방 간 인사교류

(단위: 건)

연도	2010	2011	2012	2013	2014	2015	2016	2017	2018	2019
건	170	175	186	256	322	358	318	288	294	364

출처: 인사혁신처

이바지했다. 2020년 기획재정부는 공공기관 지방 이전의 효과를 증대하기 위해 중앙공공기관과 지방공공기관 간의 인사교류도 가능하게 하는 방안을 추진 중이다.

2) 델파이 질문 및 조사 결과

델파이 질문

중앙부처와 지방자치단체 간 공무원의 상호파견 또는 전입·전출을 의미하는 중앙-지방 간 인사교류는 2010년대 동안 대상 직급 및 기관의 확대, 인사교류계획에 대한 지속적 관리, 각 기관의 협조를 통해 계속 증가해왔습니다. 실제로 〈표 3.2〉에 따르면, 중앙-지방 간 인사교류 건수는 2010년의 170건에서 2019년의 364건으로 거의 배증했습니다. 2025년과 2030년에서의 중앙-지방 간 인사교류 건수를 예측하여 주세요.

중앙-지방 간 인사교류 건수의 2025년과 2030년 예측치 중윗값은 각각 400건, 480건이었다. 2019년 대비 2025년에는 약 36건(약 10%), 2030년에는 약 120건(약 30%) 증가할 것으로 예측되었다.

▌그림 3.1▐ 중앙-지방 간 인사교류 3차 델파이 결과

2025년 예측치 분포(단위: 건)	2030년 예측치 분포(단위: 건)
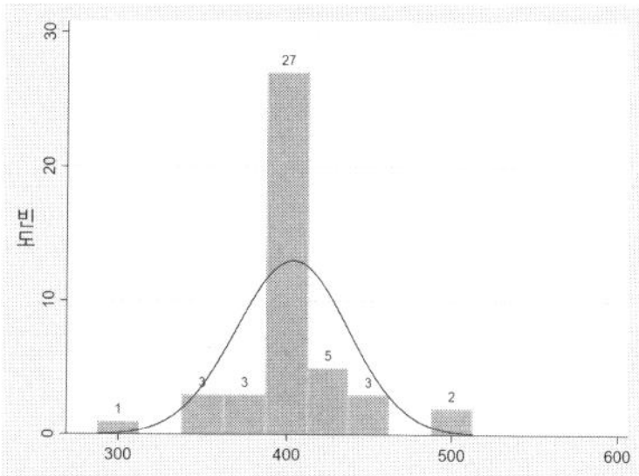	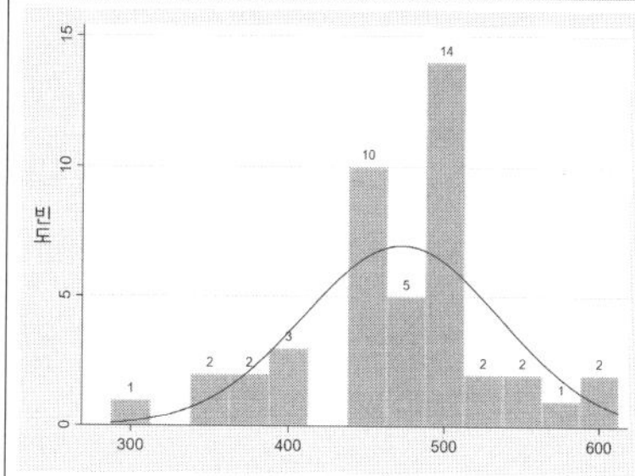
• 평균: 403.6 • 중윗값: 400 • 응답 수: 44	• 평균: 472.0 • 중윗값: 480 • 응답 수: 44

3) 결과의 해석

증가 요인	증가 억제 요인
• 다양한 정책 분야에서 중앙정부와 지방정부 간 상호 업무 이해 및 협력의 중요성 증대 • 공무원 세대교체, 교통 발달, 일일생활권 정착 등으로 인해 인사교류에 대한 거부감 감소 • 부부 공무원의 근무지 조정 희망, 퇴직 5~10년 전에 귀향하려는 욕구, 수도권 지역으로 복귀 희망 등 인사교류 수요가 증가 • 데이터사이언스를 인사업무에 활용할 가능성이 증가할 것이기 때문에 효과적인 인사교류 정보 교환이 가능할 것 • 공무원 수가 증가하는 만큼 인사교류 규모도 증가	• 최근 5년간 인사교류 증가가 둔화 추세를 보이고 있으며, 지난 10년간 인사교류의 증가 대부분이 세종시로의 이전에 따른 일시적 현상에 불과 • 행정의 지방분권화가 자치단체별 폐쇄적 인력운영을 초래할 수 있음 • 지방정부로 가려는 수요는 감소하는 반면에 중앙정부로 가려는 수요는 증가하는 불균형 발생

응답자 대부분이 중앙-지방 간 인사교류가 향후 10년간 증가할 것으로 보았다. 다만, 인사교류의 증가 요인과 증가 억제 요인에 대한 논거가 대립하는 모습을 보여주었다.

정부가 미래사회에 당면하게 될 사회문제는 예측이 어려워 불확실할 뿐만 아니라, 문제 자체가 모호하고, 옳고 그름의 기준도 없으며, 완벽한 해결책이 없다는 특징을 갖는다. 따라서 이러한 복잡한 문제를 해결하기 위해서는 개인 및 조직 간 차이와 다양한 가치관을 이해하고 이해당사자 간 상호의존성이 긍정적인 성과로 이어지게 만드는 것이 중요할 것이다. 마찬가지로 중앙-지방 정부 간 관계에서 서로의 업무를 이해하고 협력하는 것이 중요하다는 것을 부정하기 어려울 것이며, 인사교류는 그러한 목적을 달성할 수 있는 주요한 수단이 될 것이다. 그러나 이러한 인사교류를 하향식으로 강제하거나, 지방정부가 행정적 분권화를 지방자치단체의 독자적인 발전으로 인식하여 인사교류에 소극적이게 되면 인사교류는 형식적인 증가에 그칠 것이다.

공무원 조직의 세대교체가 가속화되고 실무와 정책에 대한 정보통신기술의 활용이 중요해지면서, 새로운 기술을 인사와 업무에 활용하는 것에 대한 공무원들의 거부감도 전반적으로 감소하고 있다. 이제 공무원들은 인사혁신처의 나라일터 웹사이트에서 인사교류 정보를 얻고 교류대상자를 찾는다. 2019년부터는 AI 플랫폼을 기반으로 하여 공무원들 간의 일대일 인사교류를 도와주는 애플리케이션도 등장하였다. 이러한 기술적 발전이 직간접적으로 인사교류를 활성화하는 데 이바지할 것으로 보인다.

교통과 통신 기술이 발달함에 따라 공무원의 생활권과 시공간적 제약이 완화되고 있다. 유연근무제와 전국 반나절 생활권이 현실화함에 따라 광역 간 출퇴근도 증가하고 있다. 기존의 중앙-지방 간 인사교류를 가로막았던 물리적 · 개인적 제약이 대폭 감소하는 추세이기 때문에 인사교류는 증가 추세를 이어나갈 가능성이 크다. 하지만 이러한 기술 발전이 수도권 집중을 심화하고 비수도권을 붕괴시킬 것이기 때문에 역으로 수도권으로의 교류 신청만 더 늘어나서 교류 수요의 불균형이 발생할 수도 있다.

3. ı 국세와 지방세 징수비율

1) 개념 및 현황

국세와 지방세의 구분은 「국세와 지방세의 조정 등에 관한 법률」 규정에 의거하는 것으로서, 부과징수의 주체에 따른 분류이다. 국세와 지방세 실적 및 비중은 양 조세의 조정 및 중앙정부 · 지방정부 간 가용재원 배분정책 결정에 기초자료로 활용되며 재정건전성 유지 및 국가채무 관리에도 활용된다. 그리고 이를 통해 중앙과 지방 간의 관계를 예측할 수 있다. 정부 조세수입에 영향을 미치는 요인으로는 경제적 요인(실업률, 인플레이션), 재정적 요인(세출, 재정수지), 정치적 요인(선거, 행정부 간 차이), 제도적 요인(조세 징수 노력, 관료제 및 법률적 제약 요인) 등이 있다(유금록, 1994).

| 표 3.2 | 국세 및 지방세 비중

(단위: 조 원)

연도	2011	2012	2013	2014	2015	2016	2017	2018	2019
국세	192.4	203	201.9	205.5	217.9	242.6	265.4	293.6	293.5
(비중, %)	78.6	79.0	79.0	76.9	75.4	76.3	76.7	77.7	76.4
지방세	52.3	53.9	53.8	61.7	71.0	75.5	80.4	84.3	90.5
(비중, %)	21.4	21.0	21.0	23.1	24.6	23.7	23.3	22.3	23.6

출처: 국세청 · 관세청. 『징수보고서』, 각 연도; 행정안전부. 『지방세통계연감』, 각 연도.

국세는 소득세, 법인세, 상속세, 증여세, 종합부동산세, 부가가치세, 개별소비세, 주세, 인지세, 증권거래세, 관세, 교육세, 교통에너지환경세를 포함하며, 지방세는 취득세, 등록면허세, 지방소비세, 레저세, 지역자원시설세, 지방교육세, 지방소득세, 주민세, 재산세, 자동차세, 담배소비세를 포함한다.

한국의 지방세 비중은 OECD 회원국 전체 평균(14.69%)에 비해 높은 편이다(국회입법조사처, 2020). 지방자치단체의 세입예산보다 세출예산의 규모가 큰 특징 때문에 그 차액을 국고보조금과 지방교부세 등으로 충당하고 있다. 2019년 기준 국세와 지방세의 비중은 약 7.6:2.4이며 8:2의 세수 배분 비율이 약 20년 동안 유지되어오고 있다. 역대 정부는 재정분권을 합리적으로 실현하기 위한 비전과 전략을 수립해왔다. 정부는 단계적으로 지방세를 확충하여 2022년까지 국세 대 지방세 비율을 7:3으로 상향 조정하고 장기적으로는 6:4까지 달성하는 계획을 추진 중이다.

2) 델파이 질문 및 조사 결과

델파이 질문

> 2011년 국세와 지방세의 비중은 78.6% 대 21.4%이고 2018년에는 77.7% 대 22.3%로 일정한 수준을 유지하고 있습니다. 2025년과 2030년에서의 국세와 지방세 비율을 예측하여 주세요.

국세 비율의 2025년, 2030년 예측치 중윗값은 각각 75%, 73%로 나타났다. 즉 해당 비율은 2019년 대비 2025년에는 약 1.4%p, 2030년에는 3.4%p 감소할 것으로 예측되었다.

┃그림 3.2┃ 국세 비중 3차 델파이 결과

<table>
<tr><th>2025년 예측치 분포(단위: %)</th><th>2030년 예측치 분포(단위: %)</th></tr>
<tr><td>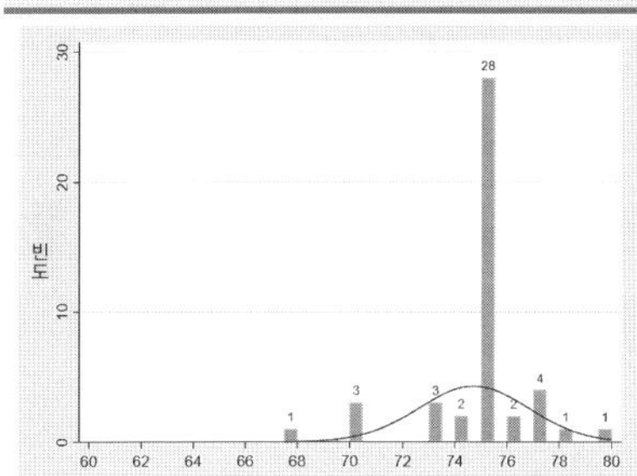
</td><td>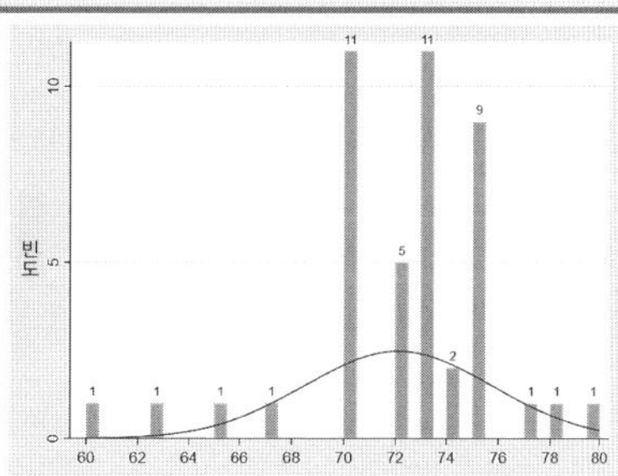
</td></tr>
<tr><td>• 평균: 74.7
• 중윗값: 75
• 응답 수: 45</td><td>• 평균: 72.1
• 중윗값: 73
• 응답 수: 45</td></tr>
</table>

3) 결과의 해석

감소 요인	감소 억제 요인
• 지방정부의 지방세 이양 요구 증가 • 중앙정부의 지방분권화 계획 추진 • 부동산 경기 활성화로 인한 재산세 증가 • 지방정부 중심 복지서비스로의 전환 (현장 중심의 복지사회 서비스로의 전환 등)	• 부가가치세, 종합부동산세, 증권거래세 등의 국세가 증가 추세이며 조세를 강화하는 정책이 추진될 가능성이 큼 • 중앙정부 중심의 정책 수요 증가(지역 간 인구 불균형, 고령화, 복지정책 등) • 지방경제가 축소되는 추세에 있으므로 지방세 비중 또한 감소할 것으로 예측

대부분의 응답자가 국세 비중이 향후 10년간 점진적으로 감소할 것으로 보았다. 다만, 적지 않은 응답자가 국세의 비중이 2030년에 70%까지 감소할 것으로 예측하는 등 국세 비율 감소 요인과 감소 억제 요인에 대한 논거가 대립하였다.

전반적으로 지방정부의 분권화 요구와 중앙정부의 분권화 추진 의지가 강한 상황이다. 최근 분권화를 위한 중앙정부와 지역구 국회의원의 대표적인 제도적 노력으로는 2019년 12월에 통과된 재정분권 관계 법률 개정안과 2020년 21대 국회에 계류 중인 「지방자치법」 전부개정안 및 관련 법률 등이 있다. 특히 정부가 국세의 비율을 2022년까지 70%, 장기적으로 60%까지 낮추겠다는 재정분권화계획이 정치적 암초에 부딪히지 않는 한 실현될 것으로 전망된다. 이러한 제도적 뒷받침하에서 재정분권 또한 단계적으로 실현될 것이며 국세를 지방세로 이양하는 움직임이 커질 것으로 전망할 수 있다.

하지만, 이러한 제도적 변화 과정에서 조세 기반이 취약한 자치단체의 반발이 국세 감소를 억제하는 요인으로 작용할 수 있다. 이러한 이해관계 충돌로 인해 촉발된 대표적인 논란이 '특례시' 문제이다. 「지방자치법」 전부개정안은 인구 50만 명 이상 시를 특례시로 추진하는 내용을 담고 있기도 하다. 인구가 많은 기초자치단체는 특례시 지정을 통해 재정 확보 권한을 확대하기를 희망하지만 인구가 적은 기초자치단체와 광역자치단체는 특례시 조항이 균형발전을 저해할 것이라고 반발하고 있다.

불확실한 사회환경적 요인은 지방정부가 기존에 갖고 있던 세원을 증대하는 동시에 중앙정부의 세원을 증대하는 방향으로 영향을 줄 가능성이 크므로, 국세의 비중을 낮추는 동적 요인만 존재한다고 볼 수는 없을 것이다. 단기적으로는 부동산 경기 활성화로 인해 재산세가 증가하는 등 기존 세목에 존재하는 지방세의 규모가 증가할 수 있다. 하지만, 미래사회 행정서비스의 중앙과 지방 간 영역이 점점 불분명해지고 있고, 수도권 집중이 심화할 경우 지방경제 규모 자체가 축소할 가능성이 있으므로 사회환경적 요인이 지방세 비중의 증가에 유리한 방향으로만 영향을 줄 것이라고 단언하기 어렵다.

4. | 총지출 중 중앙정부 지출비율

1) 개념 및 현황

중앙정부와 지방정부의 총지출 중 중앙정부 지출이 차지하는 비율(결산액 기준)은 재정의 집권화 정도를 확인할 수 있는 지표이다. 중앙정

표 3.3 총지출 중 중앙정부 지출 규모(결산 기준)

(단위: %)

연도	2010	2011	2012	2013	2014	2015	2016	2017	2018
중앙정부 비중	64.71	65.97	66.10	65.15	65.84	65.94	65.62	65.65	65.41

주: 지방정부 지출 규모는 2018년도까지 정보가 제공됨

출처: 국세청. 『징수보고서』, 각 연도; 기획재정부. 「통합재정수지」, 각 연도; 자치분권위원회(2019; 2020). 「자치분권 시행계획」; 행정안전부. 「지방재정365」, 각 연도; 행정안전부. 『지방세통계연감』, 각 연도.

부 지출은 정부부문(일반회계, 특별회계, 기금)의 지출 규모에서 내부거래, 채무상환 등을 제외한 것이며, 지방정부 지출은 회계 간 또는 광역 · 기초 자치단체 간 중복부문을 공제한 순 세출의 총액이다.

총지출 중 중앙정부의 지출비율은 최근 10년 동안 65%를 상회하는 수준을 유지하고 있으며, 2018년에는 65.41%를 기록하였다. 참고로 현재 정부는 지방재정제도를 2단계로 분리 개편하는 방안을 수립, 추진하고 있다. 그중 1단계(2019, 2020년)의 주요 목표는 약 3.6조 원의 국고보조사업을 지방으로 이양하여 세출분권을 가시화하는 것이다(자치분권위원회, 2020).

2) 델파이 질문 및 조사 결과

델파이 질문

중앙정부 및 지방정부의 총지출 중 중앙정부가 차지하는 비율은 2010년 64.71%에서 2018년 65.41%로 약간의 증가세를 나타내고 있습니다. 2025년과 2030년에서의 그 비율을 예측하여 주세요.

| 그림 3.3 | **총지출 중 중앙정부 지출비율 3차 델파이 결과**

2025년 예측치 분포(단위: %)	2030년 예측치 분포(단위: %)
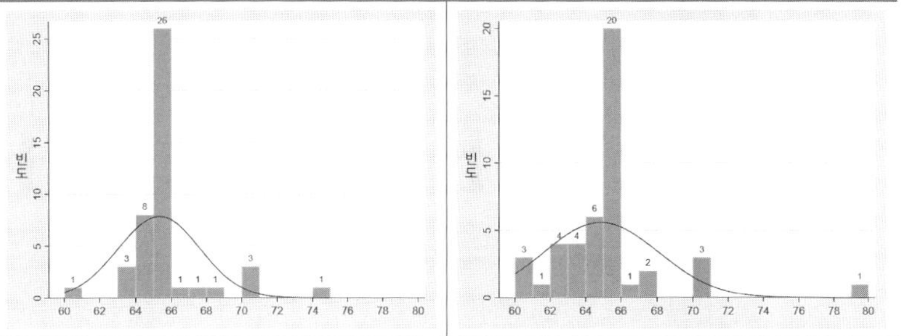	
• 평균: 65.3 • 중윗값: 65 • 응답 수: 45	• 평균: 64.9 • 중윗값: 65 • 응답 수: 45

중앙정부 지출비율에 대한 예측치 중윗값은 2025년과 2030년 모두 65%로 나타났다. 즉 2020년대 동안 해당 비율은 큰 변동 없이 현 수준을 유지하리라는 것이 응답자 대부분의 예측이었다.

3) 결과의 해석

증가 요인	증가 억제 요인
• 사회안전망 수요 증가, 공적보험 및 연기금 적자 심화 • 국가 차원의 큰 사건 발생 가능성에 따른 중앙정부 사회복지지출 증가 • 중앙정부 세입이 증가할 것이고 이에 따라 세수 기반의 지출도 지속해서 증가	• 지방정부의 재정 분권화의 요구 증가 • 직접민주주의와 복지 수요가 확대됨에 따라 지방정부의 사회복지지출 및 관련 이전 재원 증가

응답자 대부분이 중앙정부 지출비율이 향후 10년간 큰 변화를 보이

지 않으리라고 보았다. 전반적으로 지출 증가 요인과 증가 억제 요인에 대한 논거가 대립하는 모습을 보였다.

국세-지방세 비중에서 논의되었던 것과 마찬가지로 정부지출 측면에서도 중앙-지방 정부의 분권화 의지와 요구가 강한 상황이다. 최근 분권화를 위한 중앙정부와 지역구 국회의원의 대표적인 제도적 노력으로는 2020년 1월에 국회를 통과한 「중앙행정권한 및 사무 등의 지방 일괄 이양을 위한 물가안정에 관한 법률 등 46개 법률 일부개정을 위한 법률안」(일명: 지방이양일괄법)이 있다. 이 법에 따라 16개 부처 소관 46개 법률의 중앙행정사무 400개가 동시에 지방정부로 이양되고 사무수행을 위해 필요한 행정적·재정적 후속 지원이 이루어지게 되었다. 또한 향후에도 해당 법의 지속적인 개정을 통해 지방자치단체의 자치권이 확대되고 지방정부의 역할이 증가할 필요가 있다고 판단되는 정책 분야에서 이전 재원이 증가할 수 있다.

그러나 이러한 지방정부 지출의 증가가 중앙정부 지출의 증가보다 빠를 것으로만 전망하기에는 불확실한 사회환경적 요인이 많아 보인다. 한국은 코로나19와 같이 미래사회의 모습을 크게 변화시키는 극단적인 사건(wild card)이 과거보다 훨씬 더 빈번한 초불확실성 사회에 접어들고 있다. 따라서 단일 지역에서 효과적인 대응이 어려운 변화가 더 자주 발생할 것으로 예상할 수 있고, 이에 따라 중앙정부의 역할이 더 커질지도 모른다. 그 외에도 초고령화, 역대 최저 출산 기조, 베이비붐 세대의 은퇴, 계층 간 소득 격차 심화 등의 인구사회학적 요인이 변화함에 따라 이러한 문제에 대응하기 위해서 재정지출이 늘어날 가능성은 매우 커지는 등 중앙과 지방의 일괄적 역할 구분은 점점 모호해지고 있다. 이러한 전망하에서 중앙정부가 지방에 많은 행정서비스 업무를 맡기기는 쉽지 않을 것이며, 문제 해결의 측면에서도 바람직하지 않을 것이다.

참고문헌 *Reference*

1. 국세청. 『징수보고서』, 각 연도.
2. 국회입법조사처. (2020). 『국제통계 동향과 분석』, 제7호, 2020년 4월.
3. 기획재정부. 「통합재정수지」, 각 연도.
4. 김이수. (2017). 「지방분권이 정부 간 협력관계에 미치는 영향 연구: 정책혁신가로서 중앙부처 장관의 협력적 리더십의 조절효과를 중심으로」. 『한국자치행정학보』, 31(4), 167-187.
5. 박천오 · 권경득 · 권용수 · 조경호 · 조성한 · 최성주. (2020). 『인사행정론』. 파주: 법문사.
6. 우명동. (2019). 「포용적 성장과 지방재정: 사회의 지속가능성과 정부 간 재정관계를 중심으로」. 『한국지방재정논집』, 24(1), 1-31.
7. 유금록. (1994). 「조세정책의 결정요인: 한국의 조세수입을 중심으로」. 『한국행정학보』, 28(3), 843-860.
8. 자치분권위원회. (2019). 「자치분권 시행계획」.
9. ______________. (2020). 「자치분권 시행계획」.
10. 한국행정연구원 · 한국행정학회. (2017). 「지방분권 개혁의 과제」, 제3차 KIPA-KAPA 정부혁신 Forum, 2017년 3월.
11. 행정안전부. 「지방재정365」, 각 연도.
12. __________. 『지방세통계연감』, 각 연도.

제 4 장

정부의 크기와 역할

1. 선정 배경
2. 중앙행정기관 보조기관 수
3. 행정부 소속 국가공무원 수
4. 교육공무원 수

1. ㅣ 선정 배경

대한민국 행정부는 나라의 성장을 주도하며 '한강의 기적'을 달성하는 데 주도적 역할을 하였다(양재진, 2005; Rodrik, 1995). 그러나 1990년대 중반 이후 민주화와 세계화의 진전은 발전국가형 성장모델의 한계를 노출하였다. 특히 1997년 외환위기 사태를 계기로 행정부 주도의 성장이 아닌 신자유주의 질서의 확산, 복지국가 모델과 같은 대안적 질서에 대한 탐색, 신발전국가론에 대한 요구는 정부의 크기와 역할에 대한 다채로운 논란과 전망을 제시하고 있다. 또한 최근 지능정보사회의 도래, 코로나19 위기는 사회환경의 급변성, 불확실성, 복잡성, 모호성이 폭발적으로 증가하는 소위 VUCA(Volatility, Uncertainty, Complexity, Ambiguity) 시대의 도래를 가속화하고 있다(대통령직속 4차산업혁명위원회, 2019; Moon, 2020). 이러한 사회적 배경하에서 정부는 미래사회를 헤쳐 나갈 핵심 주체가 될 가능성이 높다. 본 장에서는 세 가지 이슈를 중심으로 미래정부의 크기와 역할에 대한 델파이 응답자들의 의견을 살펴보고자 한다.

정부의 크기를 결정하는 데 가장 중요한 요소는 조직과 인력이다. 따라서 첫 번째 이슈는 정부 소속 조직의 분화 정도, 즉 중앙행정기관의 보조기관 수이다. 이를 통해 미래사회에서 정부 역할의 분화 정도와 크기를 가늠해볼 것이다. 두 번째는 정부인력의 측면에서 본 정부의 크기, 즉 국가공무원 수이다. 그리고 마지막 세 번째는 국가공무원 수에서 다수를 차지하는 교육공무원 수에 대한 예측치이다. 특히 한국 사회는 저출산 고령화 문제가 심각한 상황이기 때문에 복잡한 사회환경하에서 정부의 역할을 가늠해볼 수 있는 좋은 지표가 될 수 있을 것이다.

정부의 역할과 크기에 관한 델파이 조사를 통해 드러나는 중요한 쟁점의 맥락은 다음과 같다. 첫째, 국가의 역할을 둘러싼 작은 정부냐 큰 정부냐에 관한 논쟁이다. 작은 정부는 신자유주의 이데올로기를 기반으로 작고 민첩한 정부를 지향하기 때문에 정부의 크기와 역할의 감소를 지향한다. 반면 큰 정부는 복지 수요의 증가에 대응하면서 국가가 경제성장을 주도해야 한다고 믿기 때문에 필연적으로 조직과 인원의 확산에 긍정적이다. 둘째, 세계화, 지능정보화로 상징되는 미래환경의 변화에 대한 대응이다. 가까운 미래에는 초혁신을 통해 국가가 성장할 수 있기 때문에 행정부 중심의 성장전략에는 한계가 있다는 입장에서는 작은 정부를 지지할 것이다. 반면 VUCA로 상징되는 미래사회에서는 공익적 역할을 담당할 정부의 역할이 더 중시되며, 전통적 의미의 '통치(government)'에서 '협치(governance)'로 전환하는 과정에서 그 역할이 증대될 것인가라는 문제와 연결된다(Rhodes, 1997).

2. ㅣ 중앙행정기관 보조기관 수

1) 개념 및 현황

중앙행정기관 보조기관은 중앙행정기관(원·실·부·처·청·위원회)

단위에 속한 실 · 국(단) · 과(팀)를 지칭한다. 정부조직은 정부가 수행하는 기능을 현실화하는 체계적 구조이며 최고 통치자인 대통령의 국정 비전을 실현하는 중요한 통치수단이다. 정부조직개편은 그 시대에 국가가 처한 정치적, 경제적, 사회적, 문화적 환경 속에서 어떻게 하면 정부가 해야 할 일을 더 잘 수행할 수 있는지에 대한 고민을 반영한다. 현재 중앙행정기관은 부 · 처 · 청 및 기타 이에 준하는 대통령비서실, 국무조정실, 국민권익위원회 등의 행정기관으로서, 「정부조직법」 제2조 제2항과 개별 법률에 의하여 설치되어 있다. 개별 법률에서 중앙행정기관으로 보는 행정기관은 방송통신위원회, 공정거래위원회, 금융위원회, 원자력안전위원회 등이다.

정부조직은 다음과 같은 외부 상황, 내부 요인에 영향을 받는다. 외부 상황은 글로벌 환경의 변화에 따른 대응이다. '사회적, 기술적, 경제적, 생태학적, 정치적 · 법적'(STEEP) 환경 변화에 따라 등장하는 새로운 문제에 대응하여 정부조직이 신설 · 폐지 · 변경된다. 코로나19 등 전염병의 확산에 대응하기 위하여 질병관리본부가 질병관리청으로 확대된 것이 대표적인 예이다.

두 번째는 정부조직 내부 요인이다. 파킨슨의 법칙(Parkinson's law)에 따라 정부조직은 권한과 재량을 확대하기 위하여 필연적으로 분화하는 속성을 가지고 있다. 기존에 존재하던 조직과 인력은 하나의 이권이 되기 때문에 축소 및 폐지가 어려운 반면 새롭게 등장하는 문제에 대응하기 위한 신설 조직의 생성은 상대적으로 용이한 측면이 있다(김우식, 1992). 한편 외환위기 이전 지속되어 오던 발전국가 패러다임이 이후 NPM(New Public Management)과 post-NPM으로 변화하고, 정치권력의

| 표 4.1 | 연도별 중앙행정기관의 보조기관 수

(단위: 개)

연도	실	국	과
2008	52	149	1212
2009	54	151	1113
2010	56	148	1116
2011	57	151	1141
2012	58	152	1159
2013	43	173	1198
2014	45	172	1235
2015	45	172	1266
2016	49	173	1279
2017	45	180	1298
2018	47	176	1299
2019	49	188	1301

출처: 행정안전부. (2020). 『행정안전통계연보』.

변화에 따라 국가의 역할에 대한 관점이 달라지고 있다는 점도 중앙행정기관의 보조기관 수에 영향을 미치는 요인이라고 볼 수 있다.

지난 10년간 연도별 중앙행정기관 보조기관 수는 〈표 4.1〉과 같다. 정권별로 부침을 거듭하되, 장기적으로 보면 다소 증가하는 추세에 있다.

2) 델파이 질문 및 조사 결과

델파이 질문

최근 10년간 중앙정부의 정부조직 변화를 수치적으로 확인했을 때, 중앙행정기관의 보조기관, 그중에서도 국과 과 단위가 증가하고 있음

을 확인할 수 있습니다. 선행연구들의 경우 정부가 교체될 때마다 정부 조직의 규모가 지속적으로 팽창하고 있다는 것을 언급하고 있으며 수행기관의 다변화에 대한 논의도 존재합니다. 2025년과 2030년에서의 중앙행정기관 과(科) 수를 예측하여 주세요.

중앙행정기관 과 수의 2025년, 2030년 예측치 중윗값은 각각 1,350개, 1,400개로 나타났다. 2019년 과 수가 1,301개인 것을 감안하면, 응답자들은 중앙행정기관 보조기관 수가 2020년대 동안 점진적으로 증가할 것으로 예측한 것이다. 즉 2025년에는 현재 대비 약 50개, 2030년에는 약 100개가 증가할 것으로 예측하고 있다.

| 그림 4.1 | 중앙행정기관 보조기관 수 3차 델파이 결과

2025년 예측치 분포(단위: 개)	2030년 예측치 분포(단위: 개)

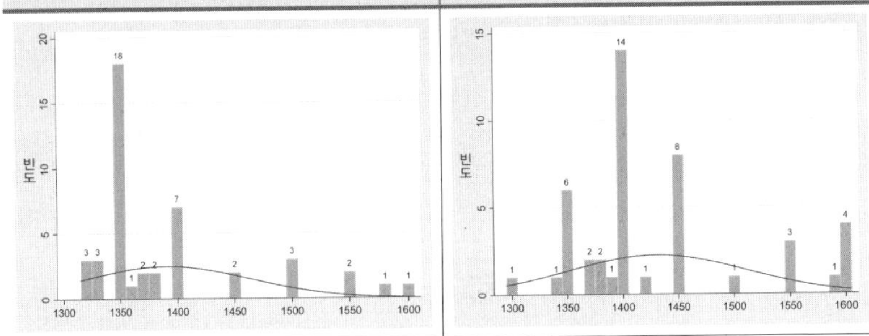

2025년	2030년
• 평균: 1390.8 • 중윗값: 1350 • 응답 수: 45	• 평균: 1430.7 • 중윗값: 1400 • 응답 수: 45

3) 결과의 해석

증가 요인	증가 억제 요인
• 사회 및 행정 환경 변화에 대응하기 위한 신규 행정기능의 등장 • 사무관, 서기관 인사적체현상으로 과장 보직을 늘리는 방편으로 과 수가 늘어날 수 있음 • 전문분야가 다양해지며 전반적인 인력 규모가 늘어나지 않더라도 과 수는 늘어날 것 • 코로나19 이후 새로운 행정수요가 있으며, 적극적인 정부역할이 강조되어 조직의 확대 수요가 불가피함 • 공무원 수의 연동으로 과 수가 증가할 것	• 중앙행정기관의 확장이 쉽지 않고 업무의 통폐합이 진행될 가능성이 크기 때문에 보조기관 수는 감소할 수 있음 • 새로운 사회변화에 대응하는 행정수요에 대하여 신규 부서 개설이 아닌 기존 부서의 개편이 일어날 것 • 행정서비스의 일부 영역을 인공지능 등 새로운 기술로 대체할 가능성이 있음 • 작은 정부에 대한 국민 요구 증대로 억제 효과

응답자들은 증가 요인과 증가 억제 요인(감소 요인)을 나누어 지적하고 있다. 단 종합적으로 볼 때, 최근 코로나19와 같은 새로운 위협에 직면하여 국가의 역할에 대한 국민의 기대가 증가되고, 지능정보사회 등 거대한 변화에 직면하여 국가의 안정적 성장을 주도하며 국민의 자유와 재산을 보호할 수 있는 최종 책임자로서의 국가에 대한 역할이 기대됨에 따라 중앙행정기관 보조기관의 수가 향후 10년 동안 점진적으로 증가하리라는 것이 응답자들의 전반적인 논조였다.

이를 구체적으로 살펴보면 다음과 같다. 증가 요인은 조직 내부 요인과 조직 외부 요인으로 구분해볼 수 있는데, 우선 조직 내부 요인으로는 공무원 수가 증가함에 따라 이에 연동하여 과 수 또한 증가할 것이라는 점, 총원이 증가하지 않더라도 사무관, 서기관 인사적체현상에 대한 방편으로 과장 보직을 확대할 수 있다는 점, 소규모 인원으로 구성된 과의 수가 임시조직 형태로 형성되었다가 폐지되지 않을 수 있다는 점 등이 지적된다.

한편 조직 외부 요인으로는 중앙행정기관이 직면한 사회문제에 대응하기 위하여 다양한 신규 행정기능의 등장(행정의 전문화 및 다원화)으로 인한 과 신설 가능성이 지적된다. 또한 전문분야가 다양해짐에 따라 전반적인 인력 규모가 늘어나지 않더라도 과 수는 늘어날 것이라는 점, 코로나19 사태 이후 새로운 행정수요가 적극적인 정부역할과 연계되어 조직의 확대 수요가 불가피하다는 점 등이 지적된다.

증가 억제 요인 또한 내부 요인과 외부 요인으로 구별해볼 수 있다. 내부 요인으로는 행정부에 대한 국민신뢰가 확보되지 않는 이상 정치적 압력으로 인해 중앙행정기관의 확장이 쉽지 않고 업무의 통폐합이 진행될 가능성이 크기 때문에 보조기관 수는 감소할 수 있다는 점이 지적된다. 이렇게 될 경우, 새로운 사회변화에 대응하는 행정수요 역시 신규 조직 개설이 아닌 기존 행정조직 개편을 통해 충족될 것이다.

외부 요인으로는 작은 정부에 대한 국민적 요구 증대로 야기되는 중앙행정기관의 역할 감소, 인공지능·지능형 로봇 등 첨단기술의 진전에 따른 행정서비스의 집행기능 대체 등이 지적된다.

3. | 행정부 소속 국가공무원 수

1) 개념 및 현황

행정부 소속 국가공무원은 행정부 소속 공무원 중 「국가공무원법」의 적용을 받는 공무원으로 정의된다. 이때, 경호공무원, 국가정보원 직원, 군인, 군무원, 국가안보실 직원 등은 「국가공무원법」 제18조에 의해 통계보고 의무가 없기 때문에 인원을 추정하기가 어려우므로 제외된다.

인사혁신처의 『2020 인사혁신통계연보』는 2019년 말일 기준으로 전체 공무원 현원(現員)을 집계했다. 이에 따르면 111만 3,873명의 전체 공무원 중 절대 다수인 108만 7,739명(97.7%)이 행정부 소속이며, 나머지 2만 6,314명(2.3%)이 입법부, 사법부, 헌법재판소, 중앙선거관리위원회 등 소속이다. 이때 행정부 소속 공무원을 다시 「국가공무원법」의 적용을 받는 국가공무원과 「지방공무원법」의 적용을 받는 지방공무원으로 나눌 수 있다. 2019년 말일 기준 두 집단의 수는 각각 68만 1,049명(62.6%)과 40만 6,690명(37.4%)으로서 그 비율은 대략 3:2다.

행정안전부 집계에 따르면, 문재인 정부가 출범한 2017년 5월부터 2020년 4월까지 3년간 국가공무원과 지방공무원을 합한 전체 공무원 수는 8만 1,100명 증가하였다(서민준, 2020). 다만 이 추세는 정부에 따라 다르게 나타나는 것으로 보인다. 또한 2020년 4월 소방공무원의 국가직 전환으로 약 5만 명이 행정부 소속 국가공무원으로 추가되었다.

| 표 4.2 | **행정부 소속 국가공무원 수**

(단위: 명)

연도	2009	2010	2011	2012	2013	2014	2015	2016	2017	2018	2019	2020
행정부 소속 국가 공무원 수	615,490	622,737	621,313	622,424	621,823	634,051	637,654	650,149	656,665	669,077	681,049	약 73만

주: 1. 각 연도 12월 31일 기준

2. 2020년 예측 수 = 2019년 약 68만 명 + 2020년 4월 소방공무원 국가직 전환 약 5만 명 = 약 73만 명

출처: 인사혁신처(2020).

최근 10년간 추이를 살피면 〈표 4.2〉와 같다.

2) 델파이 질문 및 조사 결과

델파이 질문

행정부 소속 국가공무원 수는 2009년 61만 5,490명에서 2019년 68만 1,049명으로 10년간 약 6만 5,000명 증가했습니다. 게다가 2020년 4월 1일부로 과거 지방공무원 신분이었던 소방공무원 5만 2,516명이 국가공무원으로 전환되어 2020년 12월 31일 통계에 반영될 예정입니다. 2025년과 2030년에서의 행정부 소속 국가공무원 수를 예측하여 주세요.

행정부 소속 국가공무원 수의 2025년, 2030년 예측치 중윗값은 각각 75만 명, 76만 명으로 나타났다. 2020년 추정치(73만 명)에 비해 향후 10년간 약 3만 명 증가할 것으로 예측한 것이다. 단 2020년대 전반에 2만 명 증가한 후 2020년대 후반에는 1만 명 증가하는 방식으로, 증가 속도

| 그림 4.2 | 행정부 소속 국가공무원 수 3차 델파이 결과

2025년 예측치 분포(단위: 만 명)	2030년 예측치 분포(단위: 만 명)
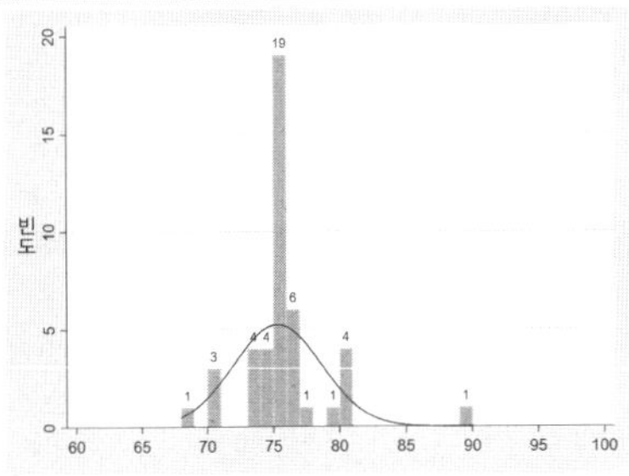	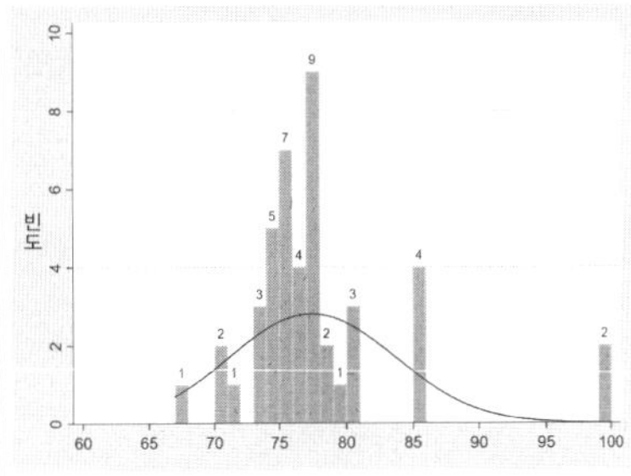
• 평균: 75.3 • 중윗값: 75 • 응답 수: 44	• 평균: 77.4 • 중윗값: 76 • 응답 수: 44

가 다소 둔화할 것이라고 예측되었다.

3) 결과의 해석

증가 요인	증가 억제 요인
• 재난안전 관리, 질병 관리(코로나19 등), 빅데이터 관리 등 중앙행정기관 기능 확대 기조 • 고령화로 인한 사회서비스 증가 • 정부의 복지기능 확대에 적극적 입장 지속 • 저성장, 경기침체에 대응하는 정부의 공공부문 일자리 창출 노력 • 정규직 공무원이 계약직 공무원으로 대체될 경우 공무원 수는 늘어날 수 있음 • IT의 대대적인 도입이 IT 담당 공무원의 증원을 초래할 것 • 한국의 공공부문 및 공무원 수는 OECD 국가 대비 아직 작은 규모임	• 행정의 디지털화, 인공지능 도입은 인력 대체효과 유발할 것 • '큰 정부'의 부작용에 대한 우려 적지 않음 • 저성장 · 저출산 등 감축사회의 도래 • 학생 수 감소로 인한 교육공무원 수 감소 • 재정 · 연금 문제로 인한 공무원 증원의 어려움 • 지방공무원 비중이 확대될 것 • 정부 출범 시기에 공무원 감축을 시도 • 민간위탁, 민영화가 활발해지면 공무원 수 감축됨 • 국가공무원 대신 준정부기관 임직원이 증원될 수 있음

응답자들은 증가 요인과 증가 억제 요인을 동시에 고려하면서 결과적으로 소폭의 증가를 예측했으며, 게다가 2020년대 전반에서 후반으로 가면서 증가 속도가 둔화될 것으로 봤다.

응답자들이 증가 요인으로 지적한 것은 역사적 경로의존 요인과 사회환경 변화 요인으로 나뉠 수 있다. 우선 역사적 경로의존 요인으로는 저성장 시대의 지속으로 인한 정부의 공공부문 일자리 창출 필요성이 지적되었다. 이러한 취지에서 공공부문 비정규직 근로자를 정부가 직접고용으로 전환하는 등의 시도가 앞으로도 꾸준히 이루어지리라는 예측이었다. OECD 국가 대비 한국의 공무원 수는 아직 작은 규모인 만큼, 공무원 채용을 확대하는 데 따르는 정치적 부담은 낮을 것이라는 근거가 함께 제시되었다.

한편 사회환경 변화 요인으로는 초고령화 등으로 인한 행정수요(사회복지, 교육, 치안 등) 증가 및 다양화, '위험사회(risk society)' 대응 필요성 증가, 재난안전 관리, 질병 관리(코로나19 등), 빅데이터 관리 등 중앙행정기관 기능 확대 등이 지적되었다. 또한 지능정보사회의 심화에 대응한 IT의 대대적인 도입이 오히려 IT 담당 공무원의 증원을 초래할 수도 있다는 견해도 있었다.

증가 억제 요인은 정치적 요인과 사회환경 변화 요인으로 구별할 수 있다. 정치적 요인으로는 민간활력 저하 등 '큰 정부'의 부작용에 대한 우려가 적지 않은 것을 배경으로, 새로운 정부 출범 시기에 공무원 감축을 시도할 수 있다는 점이 지적되었다. 유사한 맥락에서 공공부문이 확대되더라도 민간위탁이 활발해지거나 소속기관의 공공기관 전환, 민영화 등이 추진될 경우에는 공무원 수가 증가하지 않으리라는 점, 준정부기관 임직원 증원이 국가공무원 수 증가를 대체할 수 있다는 점 등도 지적되었다.

사회환경 변화 요인으로는 세 가지가 지적되었다. 첫째, 지방자치 및 지방분권이 강화됨에 따라 행정부의 역할이 지방으로 이전될 수 있다는 지적이 있었다. 교사 · 경찰 등이 지방공무원으로 전환됨에 따라 지방공무원 비중은 더 커질 것이라는 구체적인 근거도 제시되었다. 둘째, 행정의 디지털화, 인공지능 도입 등이 단순반복 업무를 중심으로 인력대체 효과를 유발할 것이라는 지적이 있었다. 셋째, 저성장 · 저출산 등 감축사회의 도래, 재정 · 연금 문제로 인한 공무원 증원의 어려움으로 인해 국가재정 효율화에 대한 압박이 커질 것이라는 점도 지적되었다.

4. ㅣ 교육공무원 수

1) 개요 및 현황

교육공무원이란 국 · 공립의 교육기관 및 교육행정기관에 근무하는 교원 및 교육전문직원을 지칭한다. 구체적으로 「교육공무원법」 제2조 제1항에서는 ① 교육기관에 근무하는 교원 및 조교, ② 교육행정기관에 근무하는 장학관 및 장학사, ③ 교육기관, 교육행정기관 또는 교육연구기관에 근무하는 교육연구관 및 교육연구사 등을 교육공무원으로 정하고 있다.

┃표 4.3┃ 교육공무원 수

(단위: 명)

연도	2009	2010	2011	2012	2013	2014	2015	2016	2017	2018	2019
교육 공무원 수	351,278	356,475	352,604	352,153	349,399	357,668	355,145	360,181	362,288	366,498	368,503

주: 각 연도 12월 31일 기준
출처: 인사혁신처(2020).

인사혁신처의 『2020 인사혁신통계연보』에 따르면, 2019년 말일 기준 행정부 소속 국가공무원은 68만 1,049명으로 교육공무원(36만 8,503명/54.1%), 일반직공무원(17만 2,733명/25.4%), 그리고 경찰공무원(13만 4,415명/19.7%)이 전체의 99.1%이다. 특히 국가공무원의 절반 이상을 교육공무원이 차지하고 있어, 해당 인원수의 향후 증감은 행정부 소속 국가공무원 수 전체 추이에도 상당한 영향을 미칠 것이다. 교육공무원 수는 현재 약 37만 명이며, 최근 10년간 추세는 학령인구 감소에도 불구하고 약간의 증가세였다.

저출산으로 인한 학령인구 급감은 무시할 수 없는 감원 압력이다. 2018년 4월 교육부에서 발표한 「중장기(2019-2030) 교원 수급계획(안)」은 전체 초등학생 수가 2018년 271만 명에서 2030년 230만 명으로 41만 명 감소하고, 중등학생 수가 288만 명에서 219만 명으로 69만 명 감소할 것으로 예측하고 있다. 이에 따라 초등교원 신규채용 규모는 2019년 4,040명(최대)에서 2030년 3,500명(최대)으로, 중등교원 신규채용 규모는 4,460명(최대)에서 3,000명(최대)으로 점차 축소 관리하겠다는 계획을 세웠다.

교육공무원의 수에 영향을 주는 요인을 사바티어(P. Sabatier)의 정책옹호연합모형(ACF: Advocacy Coalition Framework)을 바탕으로 구분하여 살펴보면 다음과 같다. 첫 번째 수준은 규범적 기저이다. 즉, 나라의 교육에 대한 가치 부여가 클수록 교육에 대한 풍부한 투자를 할 것이며 이에 비례하여 인력자원 또한 증대될 것으로 기대된다. 두 번째 수준은 핵심적 교육정책이다. 저출산의 장기적 지속은 학령인구 역시 지속적으로 감소시킬 것이며, 코로나19의 장기화는 온라인 교육 시장의 확대와 오프라인 교육의 위축을 가져올 것이다. 또한 디지털 체제로의 전환은 산업시대의 교육체계를 붕괴시키고 새로운 창의적 · 적응적 역량을 중심으로 한 교육현장을 융성시킬 것으로 기대된다. 핵심 교육정책을 결정짓는 외부 요인들이 증가 요인과 감소 요인 모두에 혼재되어 있는 것으로 보인다. 마지막 세 번째 수준은 핵심 교육정책을 집행하는 도구적 요소들인 이차적 측면(secondary aspect)이다. 이는 기존 교육대학의 정원 관리, 교육 이해관계자들의 정책수용도, 교육공무원 인사관리(정년, 보수체계, 복리 등)에 영향을 받을 것으로 기대된다. 또한 파킨슨의 법칙에 따라 교육공무원 감소에 저항하는 하방 경직적인 성향이 나타날 것으로도 예상된다.

2) 델파이 질문 및 조사 결과

델파이 질문

행정부 소속 국가공무원 가운데 과반을 차지하는 교육공무원을 보면, 2009년 35만 1,278명에서 2019년 36만 8,503명으로 증가하였습니다. 하지만 저출산과 학령인구 감소에 대응하여 2020년대부터는 교원 수급을 축소 관리해야 한다는 요구가 있는 것도 사실입니다. 2025년과 2030년에서의 교육공무원 수를 예측하여 주세요.

| 그림 4.3 | **교육공무원 수 3차 델파이 결과**

2025년 예측치 분포(단위: 만 명)	2030년 예측치 분포(단위: 만 명)
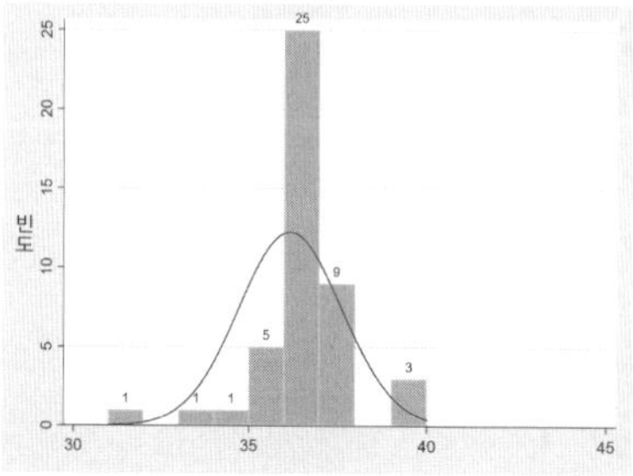	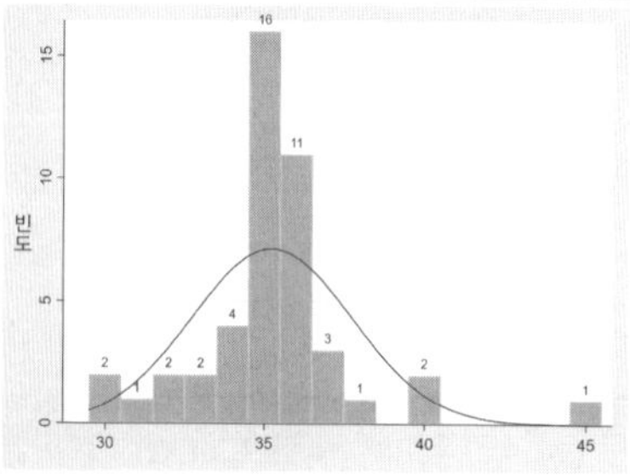
• 평균: 36.2 • 중윗값: 36 • 응답 수: 45	• 평균: 35.2 • 중윗값: 35 • 응답 수: 45

교육공무원 수에 대한 2025년, 2030년 예측치 중윗값은 각각 36만, 35만 명으로 나타났다. 2019년 현 수준에 비해 향후 10년간 약 1만 8,000명이 감소할 것으로 예측하였다.

3) 결과의 해석

감소 요인	감소 억제 요인
• 저출산으로 인한 학령인구 감소로 인해 교원 신규채용 규모 축소 불가피함 • 베이비부머 교원의 대거 은퇴가 2020년대 전반기까지 계속 • 정보통신기술, 인공지능 도입으로 인한 미래교육환경 변화가 교원 수요를 감소시킬 것이며, 특히 최근 코로나19로 인한 비대면 교육의 대대적 실시는 이러한 변화를 촉진함	• 교원양성기관 및 교원단체의 저항 • 청년일자리 유지라는 명분 • 소규모 학교들은 교육기회 균등 요구 • 학령인구의 감소 압력은 대부분 사립학교로 집중될 것 • 국공립유치원 증설 및 사립유치원의 국공립 전환 • 새로운 분야(IT교육, 특수교육, 평생교육 등)의 교육공무원 수가 증가할 것

• 일부 고등교육기관(국공립대학 · 전문대학)의 폐지 또는 통합 예상됨	• 교육의 질을 위해 교사 1인당 학생 수를 줄여야 한다는 요구가 아직 큼 • 한국은 OECD 평균에 비해 교사 1인당 학생 수가 아직 많은 편에 속함 • 취학연령이 한 살 내려간다면 교원 순증 효과가 발생할 것 • 폐교되는 학교 못지않게 신설되는 학교가 신도시를 중심으로 상당수 있음

저출산과 학령인구 감소가 교육공무원 수 감소를 추동하는 결정적 요인으로 작용하는 가운데, 일부 억제 요인만이 해당 추세를 완화하리라는 것이 응답자들의 전반적인 인식이었다.

우선 감소 요인은 인구 요인과 기술환경 요인으로 구별해볼 수 있다. 인구 요인의 경우 무엇보다도 저출산으로 인한 학령인구 감소가 핵심이다. 이로 인해 교원 신규채용 규모 축소 역시 불가피하다는 것이다. 나아가 베이비부머 교원의 대거 은퇴가 2020년대 전반기까지 계속될 것이라는 점 등도 함께 지적되었다. 기술환경 요인은 코로나19 등으로 가속화된 언택트 시대의 확산으로 인한 온라인 교육의 확대, 인공지능 기술의 도입 등이다. 이로 인한 미래교육환경 변화가 전통적인 교원 수요를 감소시키리라는 것이다.

반면 감소 억제 요인은 정치적 요인과 교육환경 요인으로 구별해볼 수 있다. 정치적 요인으로는 공공기관의 경직성, 교원양성기관 및 교원단체의 저항으로 교원 수를 줄이는 것이 쉽지 않을 것이라는 점이 지적된다. 실제로 2020년 7월 발표된 초등교원 감축계획에 대해 교원단체는 공식적으로 반발하고 있다. 또한 청년일자리 유지라는 명분도 무시할 수 없다는 점, 한국은 OECD 평균에 비해 교사 1인당 학생 수가 아직 많은 편(2018년 초등학교 기준 한국 16.5명, OECD 14.6명)이므로 교육의 질을 높이기 위해 교사 수를 늘려야 한다는 요구가 여전히 크다는 점 등이 함께 지적된다.

교육환경 요인으로는 다양한 점들이 지적되었다. 첫째, 학령인구의 감소 압력은 대부분은 공립이 아닌 비수도권 사립학교로 집중될 것이다. 둘째, 국공립유치원 증설 및 사립유치원의 국공립 전환은 교육공무원 수를 증가시킬 것이다. 셋째, 새로운 분야(IT교육, 특수교육, 평생교육 등)의 교육공무원 수가 증가할 것이다. 넷째, 교육재정 증가에 따라 취학연령이 한 살 내려간다면 교원 순증효과가 발생할 것이다. 다섯째, 폐교되는 학교 못지않게 신설되는 학교가 신도시를 중심으로 상당수 있다.

참고로 앞서 본 것처럼, 행정부의 조직과 인원은 향후 10년간 점차 증가하리라는 것이 응답자들의 예상이었다. 반면 응답자들은 교육공무원 수에 대해서는 오히려 감소할 것이라고 전망하고 있다. 종합하여 말하면, 교육공무원 수의 감소를 상쇄하고도 남을 공무원 인력이 앞으로 충원되리라는 것이다. 이들은 코로나19 등 우리 사회가 당면한 새로운 난제(wicked problem)나 위기, 그리고 지능정부로의 진전 등 미래의 정부에 국민이 요구하는 역할을 담당할 인력으로 해석된다.

참고문헌 *Reference*

1. 김우식. (1992).「한국 정부조직의 팽창요인에 관한 연구: 상공부와 건설부를 사례로」.『한국행정학회 학술발표논문집』, 1-35.
2. 대통령직속4차산업혁명위원회. (2019). 4차 산업혁명 대정부 권고안. 대통령직속4차산업혁명위원회, https://www.4th-ir.go.kr/recommendation 에서 검색(검색일: 2020. 10. 9.).
3. 서민준. (2020).「3년간 공무원 8만명 늘린 정부, 올해도 6만3000명 더 뽑는다」.『한국경제』, https://www.hankyung.com/economy/article/2020051495781 에서 검색(검색일: 2020. 11. 22.).
4. 양재진. (2005).「발전이후 발전주의론: 한국 발전국가의 성장, 위기, 그리고 미래」.『한국행정학보』, 39(1), 1-18.
5. 인사혁신처. (2020).『2020 인사혁신통계연보』. 세종: 인사혁신처.
6. 행정안전부. (2020).『2020 행정안전통계연보』. 세종: 행정안전부.
7. Gereffi, G., & Wyman, D. L. (Eds.). (2014). *Manufacturing miracles: paths of industrialization in Latin America and East Asia*. Princeton University Press.
8. Moon, M. J. (2020). Fighting Against COVID-19 with Agility, Transparency, and Participation: Wicked Policy Problems and New Governance Challenges. *Public Administration Review*.
9. Rhodes, R. A. (1997). *Understanding governance: Policy networks, governance, reflexivity and accountability*. Open University Press.

제5장

정부의 우수인력 확보 노력

1. 선정 배경
2. 행정부 소속 국가공무원 신규채용 중 경채 비율
3. 개방형 직위 민간인임용수·임용률
4. 민간 대비 공무원 보수수준

1. Ⅰ 선정 배경

전문성 있고 유능한 인력을 확보하려는 노력은 모든 조직 운영의 기초이며, 이는 정부조직에 있어서도 역시 예외가 아니다. 특히 인공지능·스마트기술 발달, 저성장 및 저출산·고령화 고착화, 계층·세대 갈등 심화 등 21세기 이후 급변하는 환경은 공무원 선발을 비롯한 인사행정 전반에서도 미래지향적 혁신을 부단히 요구하고 있다. 2014년 11월 출범한 인사혁신처도 향후 30년의 인재선발 비전으로 "미래 인재상을 지향하는 융합형 직무 시험제도", "부처별·지자체별 맞춤형 인재 발굴", "융·복합형 테크노크라트의 확대", "빅데이터 전문가, 프로그래머, 기술정책집행관 확대" 등을 제시했다(양현모·임성근, 2018).

이 장에서는 앞으로 10년간 정부의 우수인력 확보 노력을 가늠해볼 수 있는 세 가지 항목을 다룰 것이다. 우선 인사행정의 핵심 절차인 신규채용제도 중, 경력경쟁채용시험(경채) 및 개방형 직위의 10년 후 비중에 대한 전문가들의 예측을 다룬다. 이들은 공직 개방성의 제고를 위한 정부 노력의 지표라는 공통점을 갖는다. 경채가 5급 이하 공무원에 적용된다면 개방형 직위는 4급 이상에 적용되는 제도이다.

경채나 개방형 직위의 본질은 민간 전문인력을 적재적소에 영입할 수 있도록 신규채용 경로를 유연화·다변화하는 것이다. 다만 이러한 제도가 소기의 성과를 달성하기 위해서는 우수한 민간인력을 공직으로 유인하기 위한 인센티브(incentive)가 충분해야 한다. 이러한 인센티브에는 보수, 근무여건, 경력관리여건 등 여러 가지 종류가 있는데, 여기에서는 금전적 인센티브, 즉 민간 대비 공무원 보수 수준의 향후 10년 추이에 대한 전문가들의 예측을 다룬다.

2. | 행정부 소속 국가공무원 신규채용 중 경채 비율

1) 개념 및 현황

현재 한국의 공무원을 신규채용하는 방식에는 공개경쟁채용시험(공채)과 경력경쟁채용시험(경채), 두 가지가 있다. 「국가공무원법」(제28조)은 공무원 신규채용의 원칙을 공채(5급·7급·9급 공채시험 등)로 규정하되 예외적인 경우에 한해 경채를 허용한다(원직급 재임용, 자격증 소지자, 경력자, 특수학교 졸업자, 1급 임용, 벽지 근무, 외국어 능통자, 북한이탈주민 등). 공채로 충원하기 곤란한 특수분야에서는 우수한 전문인력 및 유경험자를 더욱 융통성 있게 채용하자는 것이 취지이다.

공채/경채 제도는 역사적 연원이 길다. 이미 제1공화국 때 고시/전형이라는 원형이 등장했고, 제3공화국 때는 공무원 임용제도를 정비하면서 경채/특채(특별채용)라는 기초가 정립되었다. 그 후 2011년부터 '특별채용'이라는 명칭 대신 '경력경쟁채용'이라 부르기 시작했다. 또한 기존에는 모든 경채를 부처에서 개별적으로 실시했었던 반면, 그해부터는 행정안전부 주관의 '민간경력자 일괄채용시험(민경채)'을 5급 경채에 도입하였다. 그리고 2014년에 인사혁신처가 출범하면서 해당 업무를 이관받았고, 이듬해에는 민경채를 7급 경채로 확대하였다(양현모 · 임성근, 2018).

이처럼 공채를 원칙, 경채를 예외로 하는 것이 이제까지 한국 인사행정의 골격이었다. 이는 한국의 공무원 조직이 계급제라는 기반 위에서 직위분류제적 요소를 일부 가미하는 토대가 되었다. 그런데 급변하는 행정환경, 다변화되는 행정수요에 효과적으로 대비하기 위해서는 전문성 · 창의성 · 문제해결능력을 가진 민간의 유능한 인재에게 공직의 문호를 개방해야 하며, 그 일환으로 경채의 비율을 높여야 한다는 견해가 근래 정부 내외에서 점차 강화되고 있다. 인사혁신처 역시 출범 직후부터 일련의 채용 혁신을 추진했는데, 그중 하나는 2017년까지 공채 대 경채의 비율을 50 대 50으로 만든다는 것이었다(이수영, 2017).

그러나 인사혁신처의 이러한 목표는 아직 실현되지 않았다. 〈표 5.1〉은 행정부 소속 국가공무원의 전체 신규채용 중 경채가 차지하는 비율

| 표 5.1 | 행정부 소속 국가공무원 신규채용 중 경채 비율(5급 이하)

(단위: 명)

연도	2011	2012	2013	2014	2015	2016	2017	2018	2019
전체 신규채용	20,290	22,299	22,776	31,589	30,558	29,618	24,474	31,507	33,516
경채	6,737	6,639	6,731	7,256	7,409	7,131	6,291	8,241	8,786
전체 신규채용 중 경채 비율	33.20%	29.77%	29.55%	22.97%	24.25%	24.08%	25.70%	26.16%	26.21%

출처: 인사혁신처(2020).

의 지난 10년 추세이다. 해당 자료에 따르면 경채 비율은 아직 약 25% 수준에 머물고 있을 뿐만 아니라, 심지어 2011년의 33%에 비하면 다소 하락한 수준이다.

2) 델파이 질문 및 조사 결과

델파이 질문

현재 행정부 소속 국가공무원 중 5급 이하를 신규채용하는 방식에는 공개경쟁채용시험(공채)과 경력경쟁채용시험(경채)이 있습니다. 2014년 11월에 신설된 인사혁신처의 당초 목표는 양자의 비율을 2017년까지 50 대 50으로 조정하는 것이었지만, 최근 집계에 따르면 아직 74 대 26입니다. 심지어 2011년의 67 대 33에 비하면 경채 비율이 더 낮아지기도 하였습니다. 2025년과 2030년에서의 경채 비율(%)을 예측하여 주세요.

경채 비율의 2025년, 2030년 예측치 중윗값은 각각 30%, 33%였다. 2019년 수치를 25~26%라고 본다면, 다수의 응답자가 향후 10년 동안 경채 비율의 점진적인 증가를 예측한 것이다. 2030년 예측치 분포를 살펴볼 경우, 전체 응답자(45명) 중 절대다수(42명)가 30% 이상을 예측했으며, 구체적인 증가 정도에서는 대다수(36명)가 30~35% 수준을 예측했다.

| 그림 5.1 | **행정부 소속 국가공무원 신규채용 중 경채 비율 3차 델파이 결과**

2025년 예측치 분포(단위: %)

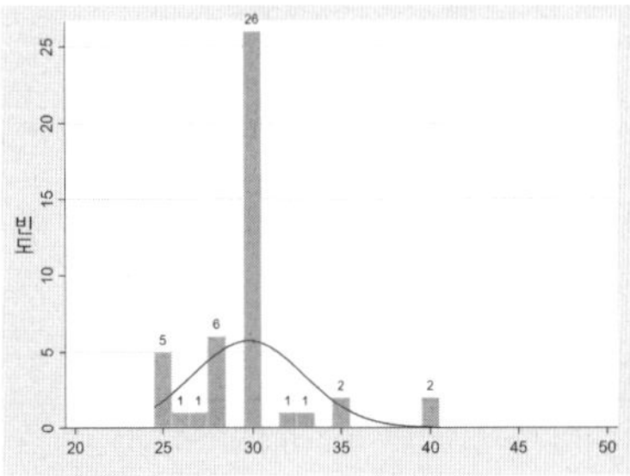

- 평균: 29.8
- 중윗값: 30
- 응답 수: 45

2030년 예측치 분포(단위: %)

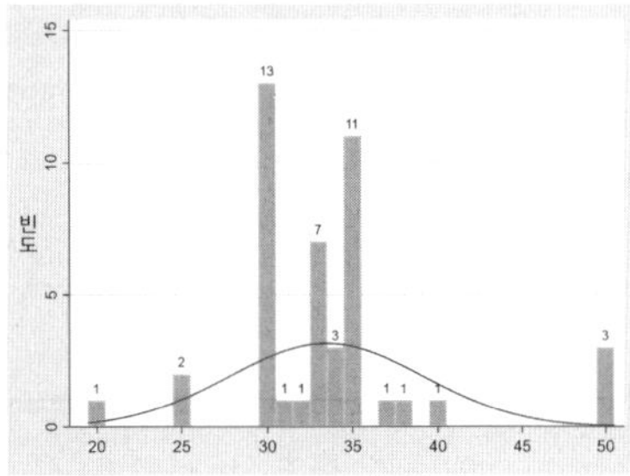

- 평균: 33.5
- 중윗값: 33
- 응답 수: 45

3) 결과의 해석

증가 요인	증가 억제 요인
• 디지털 전환 및 인공지능 패러다임의 도래는 인력수급 방식의 개방화, 유연화 및 다양화를 요구함 • 공채 중심의 경직적, 폐쇄적 충원제도로는 점점 더 복잡·다양해지는 사회 이슈, 난제에 대한 충분한 경력, 전문성, 문제해결력을 가진 인력을 확보하기가 어려움 • 공무원 공채시험의 역기능, 시대착오성에 대한 여론이 확산되고 있음 • 이미 민간 노동시장에서는 경채제도가 보편화되어 있으며, 공공부문도 이 추세를 따라가지 않을 수 없음	• '공정성'에 대한 국민적 정서로 인해 공채를 줄이는 것은 정치적 부담이 큼 • 한국 사회의 공공부문은 과거(科擧) 시험에 기초한 유교적 전통이 오랫동안 지배해왔으며, 앞으로도 공무원 조직문화의 관성이 여전히 강하게 작용할 것임 • 경채를 늘릴 경우 기존 공무원의 사기를 저하시키거나 신·구 공무원 간 갈등을 유발할 수 있음 • 소수 우수인력을 영입한다 해도 폐쇄적이고 경직된 조직문화에 적응하기가 쉽지 않을 것이라는 회의적 시각이 존재함

공채 중심의 경직적·폐쇄적 충원제도로는 디지털 전환 등 점차 복

잡 · 다변화되는 사회적 흐름에 적응하기 어려운 만큼, 공직 개방성 확대는 향후 10년간 지배적 추세로 정착하리라는 것이 응답자들의 전반적인 예측이었다. 실제로 2016년 공무원 인식조사에 따르면, 경채 출신은 공채 출신에 비해 성과, 조직 몰입, 직무 열의 수준에서 모두 효과성이 높은 것으로 나타났다(박순애 · 최진섭 · 이혜연, 2018). 이는 응답자들의 예측이 당위적 수준을 넘어 실질적 근거로 뒷받침되고 있음을 시사한다.

다만 응답자들은 증가 억제 요인도 동시에 고려했다. 다수의 응답자가 경채 비율의 상승을 예측하면서도 대체로 신중한 입장을 취한 것은 이러한 반작용 요인을 감안했기 때문일 것이다. 이들 요인은 크게 외적 요인과 내적 요인으로 나뉠 수 있다.

외적 요인으로 대표적인 것은 이른바 '공정성' 시비, 즉 정실(情實) 임용에 대한 우려이다. 공채가 고시 중심의 폐쇄적 공직문화를 재생산한다는 비판 못지않게, 경채제도 또한 자칫하면 실적제(merits system)와 기회균등(equal opportunity) 원리 자체를 훼손하는 방향으로 악용될 수 있다는 비판 역시 경채제도를 옹호하는 입장에서도 대체로 인정되어 온 바이다(이수영, 2017). 이 문제에 대한 국민적 정서를 감안한다면, 공채를 줄인다는 것은 상당한 정치적 부담을 수반하지 않을 수 없다는 지적이다. 특히 저성장의 장기화에 코로나19 팬데믹 등까지 가세하여 취업난이 지속되는 상황에서는 이 문제에 대한 사회적 합의를 도출하기가 더욱 쉽지 않을 것이라고 응답자들은 진단했다.

내적 요인으로 대표적인 것은 공무원 조직문화의 관성이다. 이러한 조건에서 경채 도입 등을 급진적으로 추진할 경우, 자칫하면 공채 출신의 상대적 박탈감에 따른 사기 저하·불만 표출을 낳고, 심지어 공채 출신 대 경채 출신의 공공연한 대립으로까지 비화될 수 있다는 것이다. 그리고 이러한 문화에서는 설령 민간의 우수인력이 진입한다 해도 공직 적응이 그리 순탄치 않으리라는 회의적 시각이 상존해, 경채 증가를 억제하는 조직심리적 요인으로 작용할 것이라고 응답자들은 첨언했다.

3. Ι 개방형 직위 민간인임용수·임용률

1) 개념 및 현황

세계 각국의 인사행정은 개방형체제(open career system)와 폐쇄형체제(closed career system)로 나뉠 수 있다. 전자가 공직의 모든 계층에 대한 신규채용을 허용한다면, 후자는 계층구조의 중간에서 외부로부터 신규채용 하는 것을 허용하지 않고 내부 승진에 의존한다(오석홍, 2016).

한국은 오랫동안 폐쇄형체제를 유지해왔기에 직업공무원제를 성공적으로 정착시킬 수 있었다. 이로써 공직의 안정성을 확보하고 행정업무 수행의 우수성을 추구하는 데 성공했다고 볼 수 있다. 하지만 공무원 집단의 무사안일, 전문성 부족 등을 야기했다는 비판에서도 자유롭지 못했다. 이러한 문제점을 개선하기 위해 개방형체제의 요소를 도입하게 되었으니, 개방형 직위제도가 그것이다.

개방형 직위제도는 공직사회의 경쟁력 제고를 위해 전문성이 특히 요구되거나 효율적인 정책수립을 위해 필요하다고 판단되는 일부 중상위 직위에, 공직 내외를 불문하고 공개모집에 의한 선발시험을 거쳐 직무수행요건을 갖춘 최적격자를 선발 · 임용하는 것이다. 기존의 계급제 중심 인사제도와는 달리 직위분류제적 성격을 내포하고 있다. 2000년부터 도입되었고, 초기에는 실 · 국장급을 대상으로 하다가 현재 과장급으로 확대되었다(박천오 · 한승주, 2017).

다만 개방형 직위라 해서 민간인만 임용하는 것은 아니며, 공직 내외를 불문한 공개모집이 원칙이다. 따라서 제도의 원래 취지를 고려하자면 개방형 직위 중에서도 순수 민간인 출신의 임용수 및 임용률을 분해해서 살펴보지 않으면 안 된다. 개방형 직위 민간인임용수 · 임용률의 지난 10년간 추세는 〈표 5.2〉와 같다.

수치적으로 확인되는 것처럼, 그간의 임용 실태를 보면 민간인보다는 자 부처 및 타 부처 공무원을 선발하는 경우가 오히려 많았다. 민간

| 표 5.2 | 개방형 직위 민간인임용수 · 임용률

(단위: 명)

연도	2009	2010	2011	2012	2013	2014	2015	2016	2017	2018	2019
개방형 직위 충원수	149	157	194	235	227	288	300	341	334	366	390
개방형 직위 민간인 임용수	43	37	54	57	50	64	100	176	184	193	198
개방형 직위 민간인 임용률	28.9%	23.6%	27.8%	24.3%	22.0%	22.2%	33.3%	51.6%	55.1%	52.7%	50.8%

출처: 인사혁신처(2020).

인임용수가 비록 2009년 43명에서 2019년 198명으로 점차 증가하기는 했지만, 전체 충원 수 대비 비율인 민간인임용률은 2014년까지 30%를 넘지 않았으며 심지어 2009~2014년간 하락세를 보이기도 하였다.

제도의 본래 취지에서 괴리되는 이러한 '무늬만 개방형' 양상에 대해, 이근면 초대 인사혁신처장은 2015년 모 일간지 기고문에서 공개적으로 위기감을 토로한 바 있다(이근면, 2015). 결국 이러한 문제제기가 수용되어 2015년 7월에는 순수 민간인만을 모집 · 선발하는 경력개방형 직위가 도입되었고, 민간인임용률은 2015년 33.3%를 지나 2016년부터는 50%대를 유지하고 있다.

2) 델파이 질문 및 조사 결과

델파이 질문

개방형 직위제도는 2000년 도입 후 그 대상이 점차 확장돼 충원 수는 2009년 149명에서 2019년 390명으로 증가했습니다. 다만 개방형 직위라 해서 민간인만 채용하는 것은 아닙니다. 민간인임용수는 2009년 43명에서 2019년 198명으로 증가했으나 민간인임용률은 2009~2014년간 20%대에 머물면서 심지어 약간의 하락세를 보였습니다. 그러다가 민간인만 대상으로 하는 경력개방형 직위가 도입되면서 2015년 33.3%로 반등했고, 2016년부터는 50%대로 올라섰습니다. 2025년과 2030년에서의 개방형 직위 민간인임용수와 민간인임용률을 예측하여 주세요.

개방형 직위 민간인임용수·임용률의 2025년, 2030년 예측치 중윗값은 각각 230명/53%, 265명/55%로 나타났다. 민간인임용률을 기준으로 보면, 2019년의 약 51%에서 5년마다 2%p씩 상승하는 점진적 증가

▌그림 5.2▐ 개방형 직위 민간인임용수 3차 델파이 결과

2025년 예측치 분포(단위: 명)	2030년 예측치 분포(단위: 명)
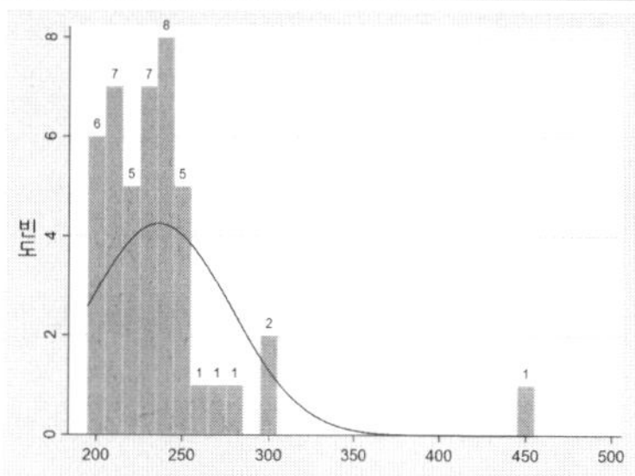	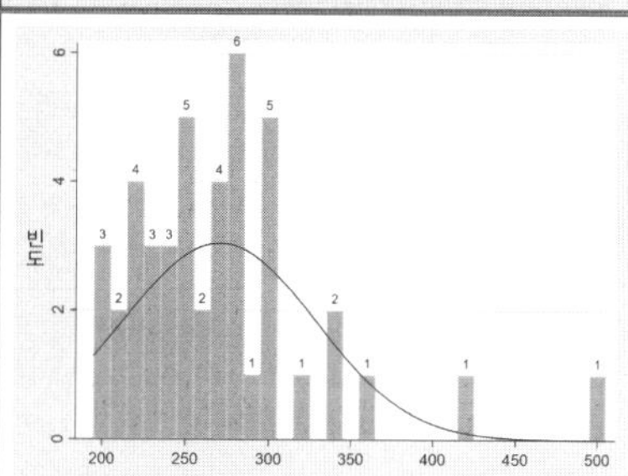
• 평균: 236.2 • 중윗값: 230 • 응답 수: 44	• 평균: 270.4 • 중윗값: 265 • 응답 수: 44

▌그림 5.3▐ 개방형 직위 민간인임용률 3차 델파이 결과

2025년 예측치 분포(단위: %)	2030년 예측치 분포(단위: %)
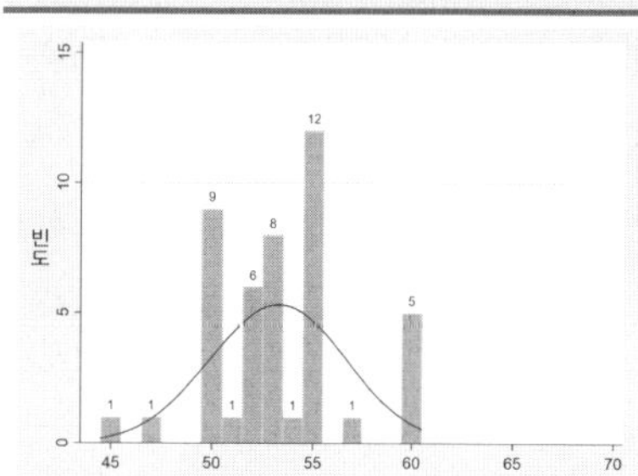	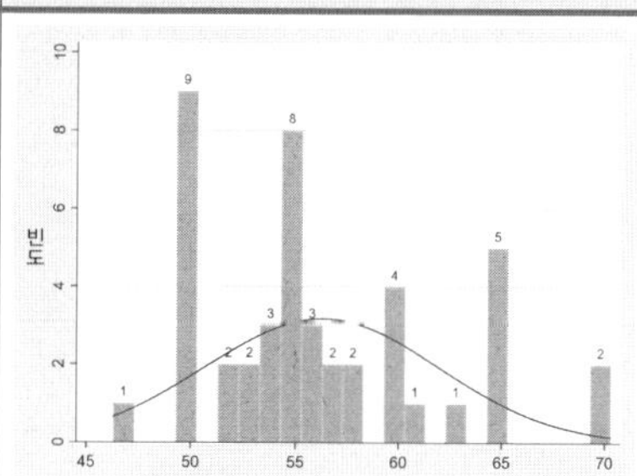
• 평균: 53.3 • 중윗값: 53 • 응답 수: 45	• 평균: 56.3 • 중윗값: 55 • 응답 수: 45

를 예측한 것이었다.

다만 경채 비율 예측과 비교해보면 민간인임용률은 다소 보수적으로 증가한다고 예측하였는데, 2019년 경채 비율이 약 25%인 반면 민간인임용률은 이미 50%에 도달했다는 사정을 감안한 것으로 볼 수 있다.

3) 결과의 해석

증가 요인	증가 억제 요인
• 전염병 위기, 산업·인구구조 변화, 디지털 전환 등은 경력, 전문성, 창의성, 혁신성을 지닌 민간인력을 요함 • 특히 고위직일수록 행정 난이도가 높아지는 점을 함께 고려해야 함 • 행정의 정치 종속이 점차 심화되는 상황에서 정치권 인사(선거운동본부 출신 등)에 대한 보은, 공무원 통제 등을 위한 엽관제적 인사행정으로 활용될 가능성이 있음	• 채용의 공정성에 대한 국민적 정서, 관료사회의 저항, 공무원 승진 및 기타 사기 문제를 고려하면 민간인임용률을 더 이상 높이기는 곤란할 것임 • 2015년 경력개방형 직위 도입으로 인해 최근 50%대까지 상승하기는 하였으나, 직위 발굴 및 보직 관리의 어려움으로 인해 더 이상의 증가는 어려울 것임 • 우수한 민간인력을 정부조직으로 유인할 인센티브(봉급, 승진기회, 근무여건 등)가 부족함

응답자들은 공직 개방성 확대를 향후 10년의 지배적 추세로 전망하였다. 전염병 위기, 산업·인구구조 변화, 디지털 전환 등 나날이 복잡·다양해지는 행정문제에 대응하기 위해서는 폐쇄적 공직사회를 넘어 경력, 전문성, 창의성, 혁신성을 지닌 민간인력을 영입하는 것이 필수적이므로, 2015년 경력개방형 직위 도입과 같은 문호개방 노력이 앞으로도 이어지리라는 예측이었다. 여기에 더해, 개방형 직위의 경우 보다 고도의 업무를 처리하는 4급 이상 고위직을 대상으로 한다는 점 또

한 함께 고려되었다.

그리고 응답자들은 공정성 논란, 관료사회의 저항 같은 증가 억제 요인을 동시에 고려하였다. 실제로 2016년 중앙부처 공무원 대상 설문조사 결과, 비록 공무원들이 개방형 직위제도의 도입 성과, 개방형 직위 임용자의 직무수행역량 등에 대해 대체로 긍정적인 평가를 내리는 것은 맞지만, 집단별로 작지 않은 인식 차이를 보여 해당 제도에 대한 공직사회 내부 간의 상이한 이해관계, 이로 야기되는 불만을 또한 반영하였다. 즉 해당 제도에 대한 만족도는 개방형 임용자 본인에 비해 일반 공무원들 사이에서 한결 저조한 것으로 나타났다. 특히 하급자일수록 더욱 낮은 만족도를 보였다(박천오 · 한승주, 2017).

한편 경채와 달리 4급 이상 고위직을 대상으로 한다는 특성상, 일부 흥미로운 요인들이 추가되기도 하였다. 우선 증가 요인의 경우, 행정의 정치 종속이 점차 심화되는 상황에서 개방형 직위제도가 정치권 인사에 대한 보은, 공무원 통제 등을 위한 엽관제(spoils system)로 활용될 수 있다는 지적이 있었다. 이는 증가 억제 요인으로 지적된 채용의 공정성 문제, 즉 정실 인사 논란과 상통하는 것으로 볼 수 있다. 개방형 직위 민간인임용률의 향후 증가를 예측하되, 여타 증가 요인과 달리 일정한 비판적 함의를 갖는 것이었다.

한편 증가 억제 요인에서는 고급 민간인력을 공직으로 유인하기 위한 인센티브(봉급, 승진기회, 근무여건 등)의 부족이 지적되었다. 이런 인식하에서 심지어 일부 응답자는 개방형 직위제도가 자칫하면 민간기업에서 조기 퇴출된 무능력자의 재취업 수단으로 축소 전락할 것이라는 매우 회의적인 전망을 제시하기도 하였다.

4. ㅣ 민간 대비 공무원 보수수준

1) 개요 및 현황

공무원의 보수(pay)는 민간부문의 임금(wage)과 유사하지만 그 성격 면에서 작지 않은 차이를 가진다. 예컨대 공공부문의 경우 민간부문에 비해 근무의 가치를 정확하게 계산할 수 없다는 문제가 있으며, 법적·정치적·경제적 환경 등 외부 요인으로부터도 한층 더 강한 영향을 받는다(임도빈·유민봉, 2019).

그런데 민간부문과의 인력확보 경쟁이 심화됨에 따라, 공무원 보수는 신규채용을 통한 인재 확보는 물론이고 현직자의 이직 방지에도 큰 영향을 미치고 있다. 실제로 보수 때문에 공직을 사직하고 민간부문에 진출하는 경우가 점차 증가하고 있는 것이 엄연한 현실이다. 2016년 공무원 인식조사에 따르면 전체 공무원 중 60% 이상이 적어도 한 번은 이직을 고민해본 것으로 나타나는데, 그 가장 큰 사유로 낮은 보수가 꼽혔다(전체 공무원의 16.6% 응답). 개방형 직위제도 도입 같은 노력에도 불구하고 민간 출신 유능 인사가 기대만큼 지원하지 않는 것은 공직의 비교적 낮은 보수수준에서도 그 원인을 찾을 수 있을 것이다(임도빈·유민봉, 2019; 고길곤, 2019).

〈표 5.3〉은 민간 대비 공무원 보수수준의 지난 10년간 추이다. 민간 임금을 100으로 할 때 공무원 보수의 상대적 수준으로서, 비교 대상은 상용근로자 100인 이상 기업 사무관리직의 매년 6월 보수이다. 산정 과

| 표 5.3 | 민간 대비 공무원 보수수준

연도	2009	2010	2011	2012	2013	2014	2015	2016	2017	2018	2019
민간 대비 공무원 보수수준(%)	89.2	84.4	85.2	83.7	84.5	84.3	83.4	83.2	86.0	85.2	86.1

출처: 한국노동연구원(2019).

정에 대한 더욱 자세한 기술적 내용은 한국노동연구원(2019)의 해설을 참조할 수 있다.

1997년 외환위기 이후 「공무원보수현실화 5개년계획」(2000~2004년)이 다시금 추진됨에 따라 민간 대비 공무원 보수수준은 2000년 88.4%에서 2004년 95.9%로 대폭 향상되었다. 하지만 2005~2007년에는 재정 여건 등이 여의치 않아 충분한 처우 개선이 이루어지지 못하였고, 2009~2010년에는 급여가 2년 연속 동결되어서 2010년대에는 85% 수준에서 계속 등락하는 양상을 보였다(e-나라지표, '공무원 보수 추이' 항목 참조).

2) 델파이 질문 및 조사 결과

델파이 질문

2010년대의 민간 대비 공무원 보수수준을 보면 85% 수준에서 미세하게 등락했습니다. 2025년과 2030년 민간 대비 공무원 보수수준(%)을 예측하여 주세요.

| 그림 5.4 | 민간 대비 공무원 보수수준 3차 델파이 결과

2025년 예측치 분포(단위: %)	2030년 예측치 분포(단위: %)
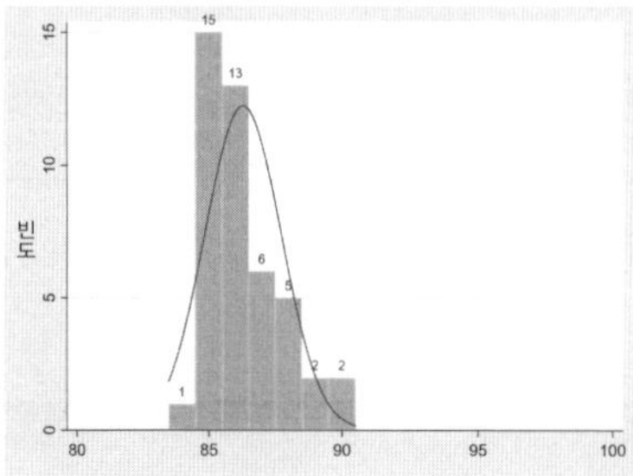	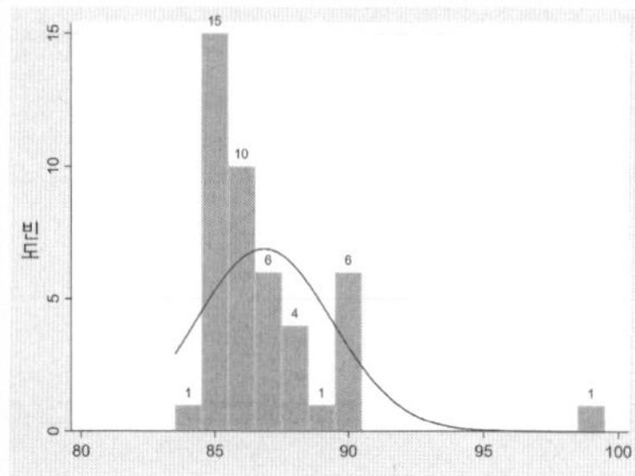
• 평균: 86.3 • 중윗값: 86 • 응답 수: 44	• 평균: 86.8 • 중윗값: 86 • 응답 수: 44

민간 대비 공무원 보수수준의 2025년, 2030년 예측치 중윗값은 모두 86%로 나타났다. 즉 2019년의 86.1%에서 향후 10년간 거의 불변한다고 예측한 것이다.

3) 결과의 해석

증가 요인	증가 억제 요인
• 공무원 급여는 물가상승률에 1~2%p 더해 매년 인상되어 왔으며(1~3%) 경기변동에 대해 비탄력적임. 반면 현재 한국 경제의 저성장으로 인해 민간부분에서는 임금 동결, 심지어 삭감이 예상됨 • 인공지능 등 일자리 대체 기술이 민간부문의 급여 인상 동력을 약화시키는 반면 공공부문은 이러한 기술의 영향을 상대적으로 적게 받을 것임	• 재정 · 연금 건전성 등을 고려한다면 현 수준으로부터의 급격한 변화는 없을 것. 더욱이 코로나19 대응으로 인해 향후 재정여건이 불투명한 데다 공무원 수 또한 최근 급증함 • 공무원의 전문성에 대한 불신이 팽배하고 있으며, 청년실업 만연, 코로나19 등의 현 상황에서 공무원 보수의 급격한 인상은 국민의 반대 여론에 부딪힐 수 있음

	• 공무원의 직업안정성, 근로여건, 연금 등을 감안할 때 현재 공무원의 보수수준이 결코 낮다고 할 수 없음. 더욱이 통계에 반영되지 않은 100인 미만 민간기업 보수가 매우 낮은 상황까지 고려해야 함

공무원 보수가 민간 대비 100%에 도달할 것이라는 낙관론을 과감하게 편 응답자도 없지 않았으나, 전반적으로는 현 수준에서 크게 벗어나기 힘들다는 것이 중론이었다. 공무원의 상대적 보수수준을 증가시키는 힘과 감소시키는 힘이 현재 정확히 상쇄되어 일정한 균형점에 이미 도달해 있다는 인식이다.

우선 응답자들이 꼽은 대표적인 증가 요인은 향후 한국 경제 추이였다. 저성장이 오래 지속됨에 따라 민간부문에서는 임금 동결, 심지어 삭감이 예상되는 반면, 공무원 보수는 경기변동에 대해 비탄력적이라는 지적이었다. 게다가 공공부문의 경우 자동화, 인공지능 등 일자리 대체 기술의 충격을 상대적으로 약하게 받을 것이라는 지적도 일부 있었다.

하지만 이러한 증가 요인이 존재한다 하더라도 일련의 증가 억제 요인에 의해 상쇄되리라는 것이 응답자들의 지배적 시각이었다. 우선 두드러진 것은 향후 불투명한 재정여건이었는데, 특히 2020년 코로나19 대응으로 인한 최근의 확장적 재정정책이 재정건전성에 대한 응답자들의 우려를 한층 더 증폭시킨 것으로 보인다. 게다가 현 정부 들어 공무원 수가 급증한 사실까지 고려한다면, 공무원 보수의 급격한 인상은 무엇보다도 정책적으로 실행 불가능하다는 것이었다.

또한 지적된 것은 공무원 보수 인상에 대해 그리 우호적이지 않을 사회적 분위기이다. 그러지 않아도 공무원의 전문성에 대한 불신이 근래 들어 팽배해지는 배경에서 경기침체, 취업난 등을 고려한다면, 공무원 보수의 급격한 인상은 국민의 반대 여론에 곧 부딪힐 가능성이 높으리라는 것이다. 게다가 코로나19의 영향을 가장 적게 받는 집단 중 하나가 공무원인 만큼, 여론은 해당 보수의 변화에 더욱 민감하게 반응할 것이라는 지적도 있었다. 심지어 최근에는 공무원의 임금을 삭감해 코로나19 재난지원금에 충당해야 한다는 견해까지 정치권에서 대두하기도 하였다.

한편 현재 한국 공무원의 보수수준이 과연 낮은 수준인가라는 근본적인 질문도 있었다. 물론 OECD 차원의 국제비교에 따르면, 한국 공무원의 보수는 분명 높지 않다. 예를 들어 OECD 분류 중 중간관리직(D3)의 보수는 2016년 기준 1인당GDP의 2.72배로서 OECD 평균인 3.37배에 미달하며, 다른 범주 역시 마찬가지이다(OECD, 2017).

다만 직업안정성, 근로여건, 연금 등을 종합적으로 감안한다면, 현재의 공무원 보수는 그 나름 사회적으로 공평한 최적(optimal) 수준이라는 것이 적지 않은 응답자의 지적이었다. 최근 코로나19 팬데믹하에서 공무원이 누리는 직업적 안정성 역시 이러한 반문을 뒷받침하는 근거가 될 수 있을 것이다. 현재 집계되고 있는 민간 대비 공무원 보수는 상용근로자 100인 이상 기업의 사무관리직을 기준으로 산정한 것이다. 따라서 통계에 반영되지 않은 100인 미만 기업의 보수가 매우 낮은 상황까지 고려한다면, 위 집계는 공무원 보수수준을 일정 부분 과소평가하고 있는 것이 아닌가라는 지적도 일부 있었다.

경채, 개방형 직위 등의 제도가 소기의 성과를 이루기 위해서는 우수 인력 유치를 위한 인센티브를 어떻게든 강화할 필요가 있다. 다만 적어도 공무원 보수수준에 있어서는 이러한 의식적인 정책적 개입이 관철되기 쉽지 않다라는 것이 응답자들의 대체적인 진단이다.

❙ 참고문헌 *Reference*

1. 고길곤. (2019). 「공무원은 왜 공직을 떠나려고 하는가?」. 박순애 (편). 『대한민국 공무원 그들은 누구인가』. (pp. 91-110). 고양: 문우사.
2. 박순애 · 최진섭 · 이혜연. (2018). 「공직 채용유형이 성과에 미치는 영향: 경력경쟁 채용을 중심으로」. 『한국인사행정학회보』, 17(4), 81-107.
3. 박천오 · 한승주. (2017). 「개방형 직위제도의 성과에 관한 실증 연구: 관련 공무원들의 인식 비교」. 『한국인사행정학회보』, 16(3), 1-30.
4. 양현모 · 임성근. (2018). 「민간경력자 일괄채용제도 성과분석 및 개선방향」. 『한국행정연구원(KIPA) 연구보고서』, 2018-15.
5. 오석홍. (2016). 『인사행정론』 (제8판). 서울: 박영사.
6. 이근면. (2015). 「개방형 논란 유감... 그래도 공직 더 열어야」. 『조선일보』, https://www.chosun.com/site/data/html_dir/2015/08/24/2015082403146.html 에서 검색.
7. 이수영. (2017). 「우리나라 공무원 채용제도에 대한 진단과 개편방안 제언」. 『한국인사행정학회보』, 16(1), 25-49.
8. 인사혁신처. (2020). 『2020 인사혁신통계연보』. 세종: 인사혁신처.
9. 임도빈 · 유민봉. (2019). 『인사행정론』 (제5판). 서울: 박영사.

10. 한국노동연구원. (2019). 『2019년도 민 · 관 보수수준 실태조사』. 세종: 인사혁신처.
11. OECD. 2017. *Government at a Glance* 2017. Paris: OECD Publishing.
12. 「e-나라지표」, '공무원 보수 추이', http://www.index.go.kr/potal/main/EachDtlPageDetail.do?iex_cd=1021 에서 검색.

제6장

정부의 인적 다양성 확보

1. ㅣ 선정 배경

한국은 적극적 평등실현조치(affirmative action)의 일환으로서 여성과 장애인에 대한 여러 고용평등정책을 시행해왔다. 1996년 여성 공무원 채용목표제를 도입했으며, 2002년까지 5급, 7급, 9급을 대상으로 여성 공무원의 채용 목표 비율을 최대 30%까지 상향·조정했다. 2002년부터 2011년 사이에는 여성 고용의 질적 수준을 높이기 위한 차원에서 4~5급 관리자 중 여성의 비율을 최대 10%까지 상향하는 계획이 추진되기도 했다. 2018년에 이르러는 고위공무원단 내 여성 임용 목표율을 명문화하는 「공공부문 여성대표성 제고 계획」이 발표됐고, 이에 따라 2022년까지 여성 고위공무원 비율 10%를 달성하기 위한 계획이 진행 중이다.

한편 장애인에 대한 의무고용제도는 「장애인고용촉진 등에 관한 법률」을 근거로 1990년 도입되었다. 도입 당시 공공부문의 장애인 고용은 권고사항이었으나 2000년 「장애인고용촉진 및 직업재활법」이 개정되면서 의무 규정으로 변경되었다. 법 제정 초기 1.6% 수준에 불과하던 장애인 의무고용률은 1993년 2%, 2000년 5%까지 확대되었고 이후 여러 차례의 개정을 거쳐 현재는 2019년 마련된 3.4%(공공부문 기준) 비율이 적용되고 있다.

이러한 노력들에 대한 결과로서, 2019년 기준 고위공무원단의 여성 수와 중앙행정기관의 장애인 수 비율은 목표치를 달성한 것으로 보고된다(인사혁신처, 2020). 다만 디지털 전환 이후에도 유사한 성과를 얻어

낼 수 있을지는 여러 상황 요소들을 고려한 논의를 통해 가늠할 수 있을 것으로 보인다. 따라서 향후 10년간의 여성 및 장애인 비율에 대한 예측은 다음과 같은 의미를 지닐 수 있다. 첫째, 지능정보사회의 도래로 인한 업무환경, 고용조건 등의 변화가 공무원 조직의 인사정책에도 적지 않은 영향을 미칠 것으로 예상된다. 따라서 사전 예측을 통해 발생 가능한 긍정적·부정적 상황을 도출하고 이에 대응하는 보완 및 목표 수립 방향을 모색해볼 수 있을 것이다. 둘째, 본 논의가 여성과 장애인의 고용의 질 향상에 기여할 것이라는 전제하에, 다양성 관리(diversity management) 차원으로서 여성과 장애인의 고용 확대가 공무원 조직의 생산성 증대에 긍정적으로 작용함을 기대해볼 수 있을 것이다.

2. ㅣ 고위공무원단 중 여성 수 및 비율

1) 개념 및 현황

2006년 7월부터 시행된 고위공무원단제도는 정부정책 결정·관리에서 핵심 역할을 담당하는 실·국장급 공무원을 일반 공무원과 구분해 범정부적 차원에서 적재적소에 활용하고 직무·성과 중심으로 정부생산성을 높이려는 전략적 인사시스템이다. 〈표 6.1〉에 나타나 있는 인사혁신처 자료에 따르면, 2010년대에 걸쳐 고위공무원단 중 여성 수는 계속 증가했으며 비율 역시 꾸준히 증가했다. 그럼에도 불구하고 강고한

| 표 6.1 | **고위공무원단 중 여성 수 및 비율**

(단위: 명)

연도	2012	2013	2014	2015	2016	2017	2018	2019
전체 고위 공무원단 수	1,556	1,475	1,502	1,456	1,490	1,503	1,514	1,539
여성 수	66	65	67	70	86	98	102	122
여성 비율	4.2%	4.4%	4.5%	4.8%	5.8%	6.5%	6.7%	7.9%

주: 각 연도 12월 31일 기준
출처: 인사혁신처

유리천장이 여전히 존재함을 알 수 있는데, 2018년 6.7%, 2019년 7.9%라는 비율 등은 OECD 20개국 평균(28.6%)에 아직 크게 미달한다.

다만 공공기관 여성 임원 비율이 2012~2018년간 두 배 이상 늘었고 중앙부처 과장급(4급 이상 공무원) 정부위원회 위원직 등에서도 여성 비율이 크게 증가하는 등 공공부문 전체적으로는 유리천장이 조금씩 깨지고 있는 것이 사실이다. 또한 여성가족부는 2019년 3월 「공공부문 여성 대표성 제고 계획」에서 2022년까지 고위공무원단 중 여성 비율을 10%까지 높이겠다는 목표치를 제시했다. 나아가 중앙부처 중 여성 고위공무원이 없는 곳은 2019년부터 최소 1명 이상 배치를 추진할 계획이다(박기용, 2017. 11. 21.).

2) 델파이 질문 및 조사 결과

델파이 질문

「국가공무원법」 제2조의2에서 규정하는 고위공무원단 중 여성 수 및 비율은 2018년 102명(6.7%), 2019년 122명(7.9%)을 기록했습니다. 여성 비율이 OECD 20개국 평균(28.6%)에 비해 아직 많이 낮지만, 점차 높아지는 추세인 것 또한 사실입니다. 2025년과 2030년 고위공무원단 중 여성 수 및 여성 비율을 예측하여 주세요.

고위공무원단 중 여성 수 및 비율의 2025년, 2030년 예측치 중윗값은 각각 180명/12%, 250명/18%로 나타났다. 응답자들은 연평균 1%p 정도의 수준에서 여성 고위공무원 비율이 지속적으로 증가할 것임을 예측했다.

| 그림 6.1 | 고위공무원단 중 여성 수 3차 델파이 결과

2025년 예측치 분포(단위: 명)	2030년 예측치 분포(단위: 명)
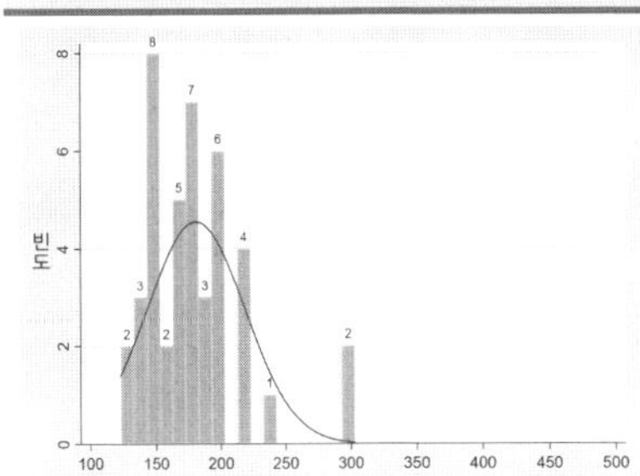	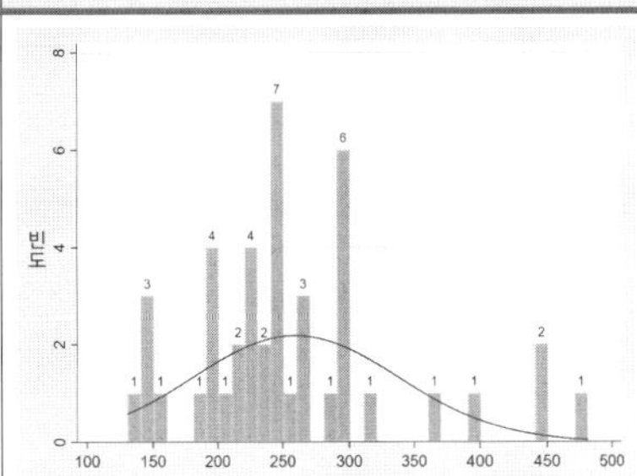
• 평균: 181 • 중윗값: 180 • 응답 수: 43	• 평균: 259.4 • 중윗값: 250 • 응답 수: 43

| 그림 6.2 | **고위공무원단 중 여성 비율 3차 델파이 결과**

2025년 예측치 분포(단위: %)	2030년 예측치 분포(단위: %)
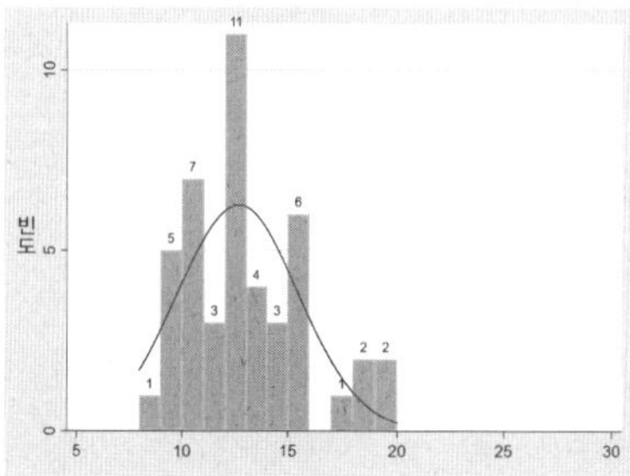	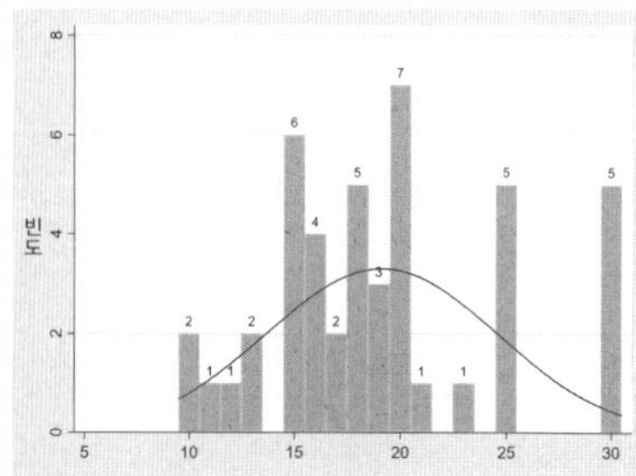
• 평균: 12.6 • 중윗값: 12 • 응답 수: 45	• 평균: 19.1 • 중윗값: 18 • 응답 수: 45

3) 결과의 해석

증가 요인	증가 억제 요인
• 공직사회의 연공서열 문화가 여성에게 일부 유리하게 작용할 것 • 양성평등을 제고하기 위한 제도, 기관의 수 등 영향력의 지속적인 증가 • 가정 친화적인 공무원 근무여건 조성	• 출산, 육아 등 경력 관리의 어려움과 이로 인한 승진 가능성 저하 • 승진 과정에서 여전히 유리천장이 존재할 가능성

고위공무원단 중 여성 수 및 비율이 2030년까지 지속적으로 증가할 것으로 예측된 데는 다음의 몇 가지 요인이 제시되었다. 먼저 공직사회의 연공서열 문화가 여성에게 일부 유리하게 작용할 수 있다는 지적이다. 예컨대 5급 공무원의 여성 합격자 비율은 1995년 10.4%, 2000년 25.1%, 2005년 44.0%로 꾸준히 증가되어 왔다(김민지, 2011. 4. 8.). 이들 공무원이 2025년 또는 2030년까지 근속을 한다고 가정할 경우 근속 연

수는 최소 10년에서 최대 35년 정도에 이른다. 고위공무원단의 잠정적 대상자인 4급으로 승진하는 데 소요되는 기간은 5급 6.8년, 6급 17.4년, 7급 25.9년으로 보고된다(통계청, 2019). 즉 근속 연수의 증가가 지위의 상승으로 연결되는 연공서열제도에 의해 5~10년 후 고위직급의 여성이 많아지면서 자연스럽게 고위공무원단의 여성 비율이 높아질 수 있다는 설명이다.

워라밸(work-life balance) 조직문화 확산, 유연근무제 정착 등 공무원의 근무여건이 가정 친화적인 방향으로 개선되고 있는 점 또한 증가 요인으로 제기되었다. 이에 덧붙여 코로나19가 가정 친화적 업무환경에의 적응을 유연하게 하는 상황적 요인으로 작용할 것이라는 예상도 가능하다. 실제 코로나19 발생 이후 공무원 조직은 구성원들에게 언택트(untact) 근무를 권고하고 있는데, 이는 가정이나 스마트워크센터 중심의 가정 친화적 업무 문화를 공무원 조직 구성원들이 자연스럽게 받아들이도록 하는 긍정적 경험이 될 수 있다.

다만 출산, 육아 등과 관련한 제도 마련을 통해 여성의 사회활동에 대한 지원이 이루어지지 않는 이상 육아로 인한 경력단절 문제는 해소되지 않을 것이라는 지적도 제기되었다. 더불어 2025년과 2030년 기준 여성 고위공무원단 평가 대상자의 비율을 고려했을 때 12%, 18%라는 수치가 충분한 것인지에 대해서도 생각해볼 필요가 있다. 예컨대 한 연구는 여성관리자의 복합 성장률을 바탕으로 2022년의 4급 이상 여성관리자의 비율을 23.5%로 예측했는데(문미경 · 윤지소 · 진종순 · 김지수, 2017), 2030년의 여성 고위공무원 예측치인 18%는 다소 낮게 예측된 것일 수도 있다고 본다.

3. ㅣ 중앙행정기관 장애인 고용률

1) 개념 및 현황

정부는 장애인의 공직 진출을 확대하기 위해 2009년부터 장애인 의무고용률을 3%로 설정했고, 2018년 3.2%, 2019년 3.4%로 상향 조정했다. 또한 의무고용률 달성 여부에 따라 각급 행정기관별로 공무원 신규채용 시 장애인 선발인원 비율을 차별적으로 적용함으로써 장애인 고용 부진기관의 적극적인 수정 조치를 유도했다(박천오 외, 2020).

이러한 노력의 결과로 2015년도에 현행 의무고용률 3.4%를 달성하였고, 2019년도에는 3.5%를 초과하기도 했다. 한편 2020년 4월 19일 인사혁신처가 중앙행정기관의 장애인 공무원을 대상으로 실시한 「장애인 공무원 인사관리 실태 및 인식조사」에 따르면, 중앙행정기관 장애인 공무원들은 2018년에 비해 채용, 근로환경, 근무지원사업 등 인사관리 전반에 대해 긍정적으로 인식하고 있는 것으로 나타났다(2018년 3.38점 → 2020년 3.47점). 장애인 공무원의 양적 확대와 더불어 근무여건의 질적 개선이 병행되고 있다는 것이었다.

〈표 6.2〉는 2009년부터 2019년까지의 중앙행정기관 장애인 고용률을 나타낸 것이다. 중앙행정기관 장애인 고용률은 전년 말 기준 중앙행정기관의 장애인 의무고용 대상 직종에 고용된 전체 공무원 수 대비 해당 직종에 고용된 장애인 공무원 수의 비율을 의미한다. 단 「장애인고용촉진 및 직업재활법」 제28조의3에 따라 중증장애인 고용인원은 2배

| 표 6.2 | 중앙행정기관 장애인 고용률

(단위: 명)

연도	2009	2010	2011	2012	2013	2014	2015	2016	2017	2018	2019
의무고용 대상 인원	171,713	171,421	168,146	169,615	169,872	171,828	170,443	169,971	171,995	176,790	186,982
고용인원	4,037	4,479	4,665	4,805	4,830	4,832	5,000	5,014	5,107	5,184	6,628
고용률 (%)	2.35	3.01	3.20	3.27	3.29	3.26	3.41	3.44	3.47	3.43	3.54

주: 각 연도 12월 31일 기준
출처: 인사혁신처(2020).

로 산정되며 공안직, 검사, 경찰 · 소방 · 경호 공무원, 군인 등에 대해서는 장애인 고용의무를 지우지 않는다.

2) 델파이 질문 및 조사 결과

델파이 질문

정부는 장애인 공직 진출을 확대하고자 2009년부터 장애인 의무고용 비율을 3%로 정했고, 2018년 3.2%, 2019년 3.4%로 상향 조정했습니다. 이에 발맞춰 장애인 고용률 역시 2009년 2.35%에서 2019년 3.54%로 점차 상승했습니다. 2025년과 2030년에서의 중앙행정기관 장애인 고용률을 예측하여 주세요.

중앙행정기관 장애인 고용률의 2025년, 2030년 예측치 중윗값은 각각 3.8%, 4.2%로 나타났다. 지난 6개 연도(2014~2019) 동안 0.28%p의

| 그림 6.3 | 중앙행정기관 장애인 고용률 3차 델파이 결과

2025년 예측치 분포(단위: %)	2030년 예측치 분포(단위: %)
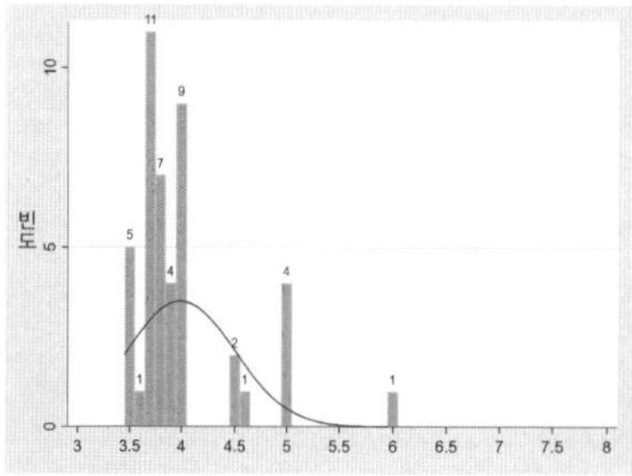	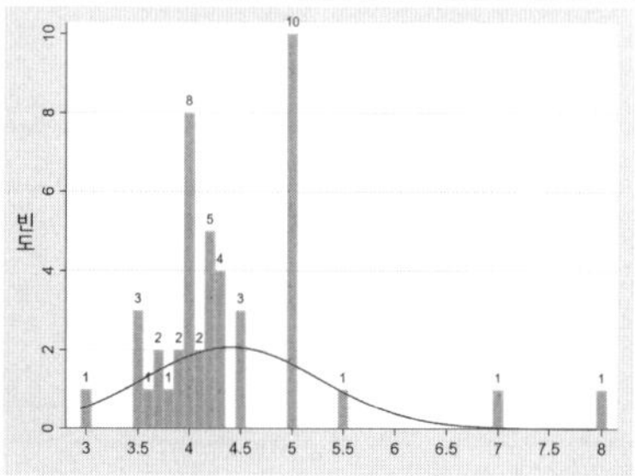
• 평균: 4.0 • 중윗값: 3.8 • 응답 수: 45	• 평균: 4.4 • 중윗값: 4.2 • 응답 수: 45

상승이 있었음을 감안한다면 이러한 예측 변화량은 작은 수준이 아님을 알 수 있다. 즉 응답자 대부분은 중앙행정기관 장애인 고용률의 향후 추이에 대해 긍정적으로 전망하고 있었다.

3) 결과의 해석

증가 요인	증가 억제 요인
• 사회적 취약계층의 일자리 지원정책에 대한 중장기적 강화 예측 • 정부의 장애인 의무고용률 상향 조정 가능성 • 가산점 부여 등 장애인 공직 진출에 유리한 행정 조건 • 비대면 원격근무 확산으로 인한 장애인 고용 장벽 완화 • 인공지능기술 등의 발달로 인한 장애인 근무여건 개선, 장애인 능력 격차 축소 • 장애 인구의 확대 전망	• 전체 공무원 수의 증가가 장애인 고용률에 대한 하방 압력으로 작용할 가능성 존재 • 장애인 고용 직종의 포화 상태 • 공정성 시비 • 취업할 수 있는 장애 인구의 감소 • 의학적 발달로 인한 장애인 비율의 감소

장애인의 공직 진출은 지속적인 증가세를 보일 것으로 예측되었다. 그 이유로는 장애 인구의 확대, 정부의 장애인 의무고용률 상향 조정 등으로 인해 적용 대상 및 범위가 확대되어 장애인 고용률이 증가할 것이라는 의견이 있었다. 인공지능, 원격근무 등의 기술 발달이 장애인의 근무여건 개선, 능력 격차 감소에 긍정적으로 작용하여 고용장벽을 완화시키는 효과를 가져올 수 있다는 설명도 있었다. 더불어 가산점 부여 등 장애인을 대상으로 하는 제도가 장애인의 공직 진출에 유리한 조건으로 작용할 수 있다는 의견도 제시되었다.

한편 장애인 고용률이 감소할 것이라는 의견과 관련해서는 다음의 요인들이 제시되었다. 가령 전체 공무원 수가 증가함에 따라 장애인 고용률이 상대적으로 감소할 수 있다는 의견이었다. 또한 2019년 기준 65세 이상 장애인의 비율은 48.3%이며, 이를 고려했을 때 5~10년 후 취업 가능 연령대의 장애인 수가 많지 않을 수 있다는 설명이다. 이 외에도 의료기술 발달로 인한 장애 인구의 감소, 장애인 고용 직종의 포화, 공정성 시비 등이 증가 억제 요인으로 거론되었다.

▌참고문헌 *Reference*

1. 김민지. (2011. 4. 8.). 「공무원 사회 여풍 거세진다」. 『이투데이』, https://www.etoday.co.kr/news/view/425726 에서 검색.
2. 문미경 · 윤지소 · 진종순 · 김지수. (2017). 『여성관리자 임용목표제의 성과와 발전방안』. 서울: 한국여성정책연구원.
3. 박기용. (2017. 11. 21.). 「고위공무원 여성비율 10%로...5년 내 유리

천장 깬다」. 『한겨레신문』, http://www.hani.co.kr/arti/society/women/819996.html 에서 검색.

4. 인사혁신처. (2020). 『2020 인사혁신통계연보』. 세종: 인사혁신처.
5. 통계청. (2019). 『지방자치단체공무원인사통계 통계정보보고서』.

제 7 장

중앙정부 규모와 재정건전성

1. ㅣ 선정 배경

「2020~2024년 국가재정운용계획」의 중기 재정지출계획에 의하면 국가 총지출은 2020년 546.9조 원(추가경정예산 포함), 2021년 555.8조 원, 2022년 589.1조 원, 2023년 615.7조 원, 그리고 2024년에는 640조 원으로 전망된다(연평균 증가율 5.7%). 그리고 국회 예산정책처(National Assembly Budget Office, NABO, 2020)의 『장기재정전망』에 의하면 국가 총지출은 2020년 550.3조 원(추가경정예산 포함), 2030년 670.7조 원, 2040년 826.4조 원, 2050년 979.9조 원, 2060년 1,109.8조 원, 그리고 2070년에는 1216.1조 원으로 전망된다(연평균 증가율 1.6%). 이는 코로나19 사태 이후 경제 회복과 혁신적 포용국가 체감성과 확산, 국정과제 성과 구현 등을 위한 지출 확대 등이 반영된 것이다.

한편 중앙정부 재정지출의 큰 부분을 차지하고 있는 사회복지 재정 규모를 보자. 국가재정운용계획의 분야별 재원배분계획에 의하면 보건·복지·고용 지출은 2020년 180.5조 원, 2021년 199.9조 원, 2022년 217.4조 원, 2023년 230.2조 원, 그리고 2024년에는 242.7조 원으로 전망된다(연평균 증가율 7.7%). 그리고 국회 예산정책처의 장기재정전망에 의하면 복지분야 의무지출은 2020년 127.5조 원(GDP 대비 6.6%), 2030년 193.2조 원(GDP 대비 8.0%), 2040년 263.8조 원(GDP 대비 9.4%), 2050년 333.0조 원(GDP 대비 10.6%), 2060년 393.7조 원(GDP 대비 11.5%), 그리고 2070년에는 437.6조 원(GDP 대비 12.0%)으로 전망된다(연평균 증가율 2.5%). 일자리 확충 및 복지정책 확장이 원인으로 작용하는 가운데 공적연금, 사회보험, 공공부조의 규모 확대가 예상되고 있다.

이와 같은 국가의 재정지출 확대와 더불어 국가채무규모도 증가 추세를 나타내고 있다. 「2020~2024년 국가재정운용계획」의 국가채무전망에 의하면 GDP 대비 국가채무는 2020년 43.5%(추가경정예산 기준), 2021년 46.7%, 2022년 50.9%, 2023년 54.6%, 그리고 2024년에는 58.3%로 전망된다. 그리고 국회 예산정책처(2020)의 『장기재정전망』에 의하면 GDP 대비 중앙정부채무는 2020년 42.8%, 2030년 73.6%로 전망된다. 이러한 추세에는 국고채 증가가 주요 원인으로 작용하고 있다.

이 같은 확장적 재정정책 기조에 대응하여, 국가 재정건전성 측면에서 국민의 조세부담률을 파악해볼 필요가 있다. 「2020~2024년 국가재정운용계획」에 의하면 조세부담률은 2020년 19.3%(추가경정예산 기준), 2021년 18.7%, 2022년 18.8%, 2023년 18.9%, 그리고 2024년에는 19.0%으로 전망된다. 즉, 2020년 및 2021년에 감소한 이후 완만하게 증가할 것이라는 예상이다.

확장적 재정정책의 기조에 따라 향후 국민 경제에 큰 영향을 미칠 것으로 예상되며, 정부 규모를 파악해볼 수 있는 척도라 할 수 있는 중앙정부의 통합재정규모를 예측해보는 것은 그 의의가 크다고 할 수 있다. 그리고 그중에서도 특히 중앙정부 사회복지 재정규모는 사회복지 및 보건 관련 재정규모를 포함하는 것으로서, 그것을 통해 복지국가로의 변화에 관한 예측이 가능하다는 점, 그리고 전반적인 정부 역할 및 규모의 파악이 가능하다는 점에서 중요성을 지닌다.

한편 중앙정부 채무규모는 향후 중앙정부의 재정건전성 및 재정지속성 확보 측면을 가늠할 핵심 지표이다. 그리고 그것을 통해 정부의 국정운영 방향이나 국민들의 조세부담 추이를 진단해볼 수 있으며, 동시에 재정수지 측면에서 정부 재정운영의 규모 및 효율성을 파악할 수 있다는 등의 의의를 갖는다.

2. ㅣ 중앙정부 통합재정규모

1) 개념 및 현황

'중앙정부 통합재정규모'란 정부부문(일반회계, 특별회계, 기금)의 지출규모에서 내부거래, 채무상환 등을 차감한 순수한 재정활동의 규모를 의미한다. 이는 결산 기준이자 순계 개념이다. 즉, 통합재정규모는 순수한 재정활동 규모를 측정하기 위하여 융자거래와 기업특별회계를 순계 개념으로 파악한다. 정부재정규모에 영향을 미치는 변수로는 사회경제적 요인(소득수준, 산업화 정도, 인구밀도 등), 정치적 요인(정당, 정치참여수준, 후보 간 경쟁 및 단체장 선출 등), 재정적 요인(상환능력, 의존재원 규모 등)이 있다(김민경, 2018).

〈표 7.1〉에 따르면, 중앙정부 통합재정규모는 2010년 254.2조 원에서 2019년 439.9조 원으로 증가해왔다. 참고로 GDP 대비 비율도 2010년 20.1%에서 2019년 23.4%로 증가세였다.

표 7.1 중앙정부 통합재정규모

(단위: 조 원)

연도	2010	2011	2012	2013	2014	2015	2016	2017	2018	2019
중앙정부 통합재정 규모	254.2	273.7	293	300.2	312.4	339.4	354.4	379.8	397.7	439.9
(GDP 대비, %)	20.1	20.5	21.3	21	21	21.7	21.6	21.9	23.6	23.4

주: GDP는 명목 GDP 기준임

출처: 기획재정부. 「한국통합재정수지」; 기획재정부. (2020a). 「나라살림 예산개요」.

2) 델파이 질문 및 조사 결과

델파이 질문

중앙정부 통합재정규모는 2010년 254.2조 원에서 2019년 439.9조 원으로 증가해왔습니다. 참고로 GDP 대비 중앙정부 통합재정규모도 2010년 20.1%에서 2019년 23.4%로 증가 추세입니다. 2025년과 2030년에 중앙정부 통합재정규모가 얼마일 것으로 예측하십니까?

중앙정부 통합재정규모의 2025년, 2030년 예측치 중윗값은 각각 550조 원, 620조원으로 나타났다. 즉 2019년 대비 2025년에는 약 110조 원(25%), 2030년에는 약 180조 원(41%)의 증가가 있을 것으로 예측되었다.

| 그림 7.1 | 중앙정부 통합재정규모 3차 델파이 결과

2025년 예측치 분포(단위: 조 원)	2030년 예측치 분포(단위: 조 원)
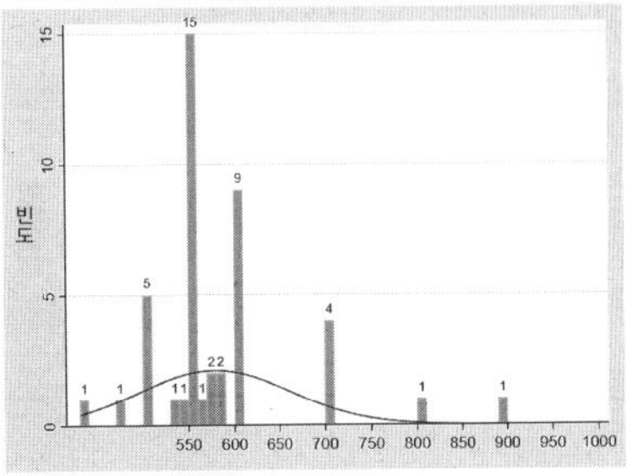	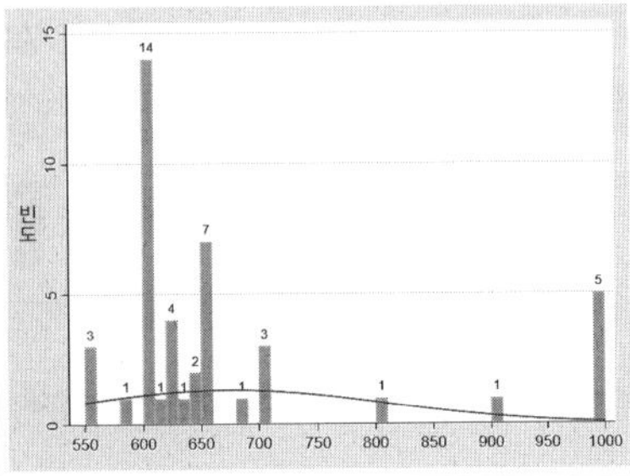
• 평균: 579.1 • 중윗값: 550 • 응답 수: 44	• 평균: 674.1 • 중윗값: 620 • 응답 수: 44

3) 결과의 해석

증가 요인	증가 억제 요인
• 새로운 행정수요에 대응한 행정서비스 확대, 새로운 정보기술 기반의 서비스 등장, 맞춤형 고객서비스 • 정부의 국가성장 주도 전략, 혁신성장과 한국판 뉴딜사업, R&D 지출 증가 • 플랫폼 산업 증가, 고용 없는 성장 등의 노동환경 변화로 인해 기본소득제도 도입되고, 전 국민 고용보험제도 시행 • 적자국채 발행 가능성, 복지정책, 포퓰리즘 정책, 남 · 북 경제협력 • 고령화, 경기침체로 인한 사회 양극화 심화, 평생교육, 사회서비스, 국가 주도의 고용창출정책 • 코로나19, 재난 대응, 전염병 및 기후 위기에 대응, 재난안전, 국방예산 증가	• 재정팽창에 대한 위기와 경각심으로 긴축재정 실시 및 재정통제장치 활성화 • 재정건전성 측면에서 재정규모 급증 추세 안정화

향후 10년간 중앙정부 통합재정규모의 증가를 많은 응답자들이 예측하였다. 이 과정에서 증가 요인으로는 코로나19 사태, 정보화, 한국판 뉴딜사업, 플랫폼 산업 증가, 복지정책 확대 등이 제시되었다. 반면 증가 억제 요인으로는 재정건전성 측면에서 중앙정부의 재정통제 가능성 등이 제시되었다.

현재 한국의 중앙정부는 R&D 투자 및 혁신성장, 경제활력, 포용기반, 인구변화, 국민안전 등을 고려한 확장적 재정정책을 계획하고 있다. 그리고 2021년 10대 핵심 사업으로 한국판 뉴딜정책, 일자리 창출, 민간소비 창출, 국가균형발전 투자, 혁신적 뉴딜투자펀드 조성, 기업 유동성 신성장 투자를 위한 정책금융 지원, 청년 지원, 사회안전망 확충, K-방역 · 자연재해 예방 · 국민생명 보호 투자 및 국민생활환경 청정화사업을 추진할 예정이다. 따라서 실제로도 중앙정부 통합재정규모는 향후 증가할 가능성이 높다고 할 수 있다.

3. ｜ 사회복지 재정규모

1) 개념 및 현황

사회복지분야 재정규모는 사회복지 및 보건 관련 재정규모의 합계가 예산 기준이 된다. 중앙정부의 사회복지 재정규모만 나타내는 지표이므로 지방자치단체의 재정지출 규모나 법정 민간지출(퇴직금 등)은 제외된다. 사회복지 재정에 영향을 미치는 요인들로는 정당 간 경쟁, 전년도 복지지출, 선거, 공무원 비율, 인구증가율, 산업화 비율, 지방세액, 경제발전 정도, 실업률, 65세 이상 노인인구 비율 및 재정자립도 등이 거론된다(이재완 · 김교성, 2007). 사회복지 재정규모는 기초생활 보장, 취약계층 지원, 공적연금, 보훈, 주택, 사회복지 일반, 아동 · 보육, 노인, 여성 · 가족, 노동, 고용 · 노동 일반, 보건 · 의료 · 건강보험, 식품 · 의약 · 안전 부문으로 구성되어 있다. 기금의 경우 청소년육성기금, 국민건강증진기금, 고용보험기금, 장애인 고용촉진 및 직업재활 기금, 임금채권보장기금, 양성평등기금, 보훈기금, 국유재산관리기금, 군인연금기금, 국민연금기금, 공무원연금기금, 사립학교교직원연금기금, 순국선열 · 애국지사사업기금, 산업재해 보상보험 및 예방 기금, 응급의료기금, 근로복지진흥기금, 복권기금, 공공자금관리기금 및 주택도시기금 등이 있다.

| 표 7.2 | 통합재정규모 대비 사회복지 재정규모(예산 기준)

(단위: %)

연도	2010	2011	2012	2013	2014	2015	2016	2017	2018	2019
통합재정 규모대비	31.9	31.6	31.6	32.5	34.1	34.1	34.8	34.1	36.4	36.6

출처: 기획재정부(연도별 예산서).

중앙정부 통합재정규모 대비 사회복지 재정규모는 2010년 31.9%에서 2019년 36.6%로 증가 추세를 보이고 있다.

2) 델파이 질문 및 조사 결과

델파이 질문

중앙정부 총사회복지 재정규모는 2010년 81.2조 원에서 2019년 161조 원으로 증가해왔습니다. 그리고 중앙정부 통합재정규모 대비 사회복지 재정규모는 2010년 31.9%에서 2019년 36.6%로 증가 추세를 보이고 있습니다. 2025년과 2030년에 통합재정규모 대비 사회복지 재정규모를 몇 %로 예측하십니까?

중앙정부 통합재정규모 대비 사회복지 재정규모에 대한 2025년, 2030년 예측치 중윗값은 각각 40%, 43%로 나타났다. 2019년 대비 2025년에는 3.4%p, 2030년에는 6.4%p 증가할 것으로 예측되었다.

| 그림 7.2 | 사회복지 재정규모 3차 델파이 결과

<table>
<tr><th>2025년 예측치 분포(단위: %)</th><th>2030년 예측치 분포(단위: %)</th></tr>
<tr><td>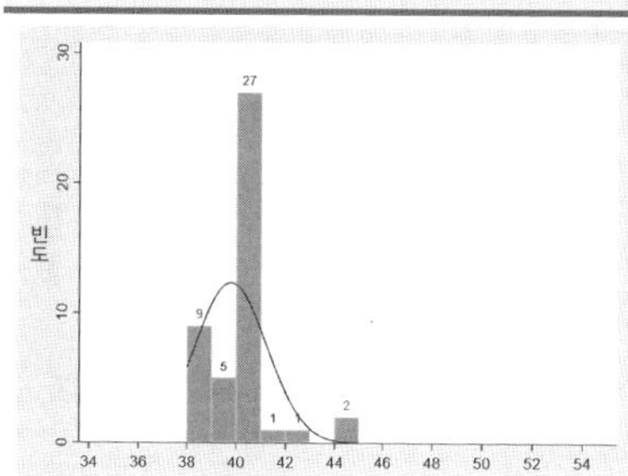
</td><td>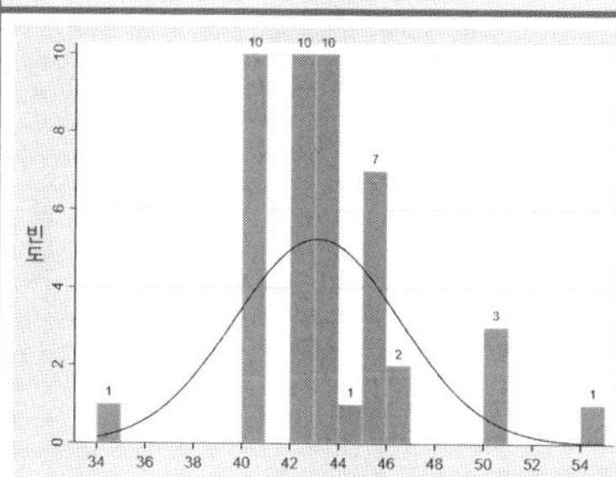
</td></tr>
<tr><td>• 평균: 39.8
• 중윗값: 40
• 응답 수: 45</td><td>• 평균: 43.1
• 중윗값: 43
• 응답 수: 45</td></tr>
</table>

3) 결과의 해석

증가 요인	
• 베이비부머 공무원의 퇴직에 따른 공무원 연금, 군인연금, 국민연금, 사학연금의 대규모 지출 • 노령화에 따른 공적부조와 건강보험의 적자 증대 • 고용보험 적자 보존 증가 • 코로나19 대응 등 보건의료 수요 증가	• 기초생활 보장, 취약계층 지원 증가 • 다문화 및 북한이탈 주민의 증가에 사회복지지출 증가 • 기본소득 도입 가능성 • 포퓰리즘 확산

향후 10년간 중앙정부 사회복지 재정규모의 증가를 많은 응답자들이 예측하였다. 증가 요인으로는 코로나19 사태, 연금 및 보험 수요 증가, 기본소득제 도입 등이 제시되었다.

실제로 현재 정부는 일자리 확충, 공적연금, 사회보험, 공공부조 및 기타 복지정책의 확대를 대대적으로 계획하고 있다. 예컨대 일자리의 경우 고용보험 단계적 확대 및 사각지대 해소를 통한 고용안전망 확충, 적극적 노동시장정책 지원 및 고용서비스 질(質) 제고 등을 목표로 하고 있으며, 공적연금에서는 장애인연금, 노인기초연금 등의 인상이 추진되고 있다.

4. ㅣ 중앙정부 채무규모

1) 개념 및 현황

국가채무는 정부가 직접적인 상환의무를 부담하는 확정채무(IMF 기준)로서, 국채, 차입금, 국고채무부담행위, 지방정부순채무로 구분된다. 단 「국가재정법」상의 국가채무는 이 중 지방정부채무를 제외한 중앙정부채무(국채, 차입금 및 국고채무부담행위)로 구성된다. 국채는 재정수지상 세입부족액을 보전하고 수지의 균형을 도모하기 위하여 국가가 발행하는 채권이다. 차입금은 정부가 한국은행, 기타 회계·기금 또는 국제기구, 외국정부 등으로부터 유입하는 자금으로서, 법정유가증권의 발행 없이 조달한다는 점에서 국채와 구별된다. 국고채무부담행위는 예산확보 없이 국가가 미리 채무를 부담하는 행위를 의미한다. 한국의 경우 채무규모에 미치는 변수로는 사회경제적 요인(인구수, 인구밀도, 소득수준, 산업화 수준, 기초생활수급자 인구비율 등), 정치적 요인(정당 및 자치단체장 성향, 지방선거 여부 등), 재정적 요인(재정자주도 및 지방채무 상환비 비율 등)이 있다(김민경, 2018).

표 7.3 GDP 대비 중앙정부 채무비율

(단위: %)

연도	2010	2011	2012	2013	2014	2015	2016	2017	2018	2019
GDP 대비 중앙정부 채무비율	29.54	30.22	30.86	32.46	33.85	35.58	36.05	36.26	36.06	37.90

출처: 기획재정부

GDP 대비 중앙정부 총채무비율은 2010년 29.54%에서 2019년 37.9%로 증가세였다.

2) 델파이 질문 및 조사 결과

델파이 질문

> 중앙정부 GDP 대비 중앙정부 총채무비율은 2010년 29.54%에서 2019년 37.9%로 증가되는 추세입니다. 2025년과 2030년에 GDP 대비 중앙정부 총채무비율을 몇 %로 예측하십니까?

중앙정부 채무규모의 2025년, 2030년 예측치 중윗값은 각각 44%, 47%로 나타났다. 2019년 대비 2025년에는 6.1%p, 2030년에는 9.1%p 증가할 것으로 예측되었다.

┃그림 7.3┃ 중앙정부 채무규모 3차 델파이 결과

2025년 예측치 분포(단위: %)	2030년 예측치 분포(단위: %)
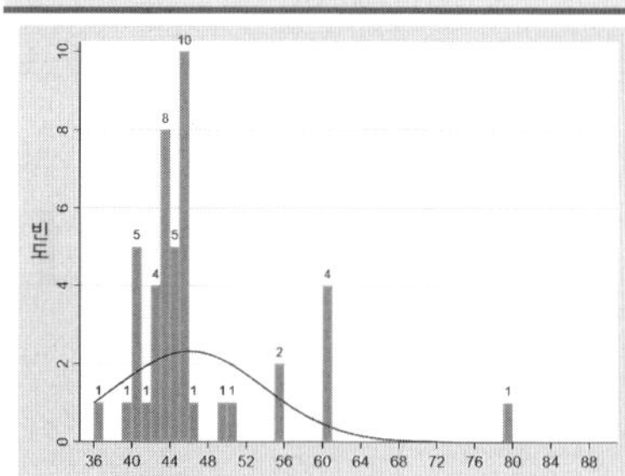	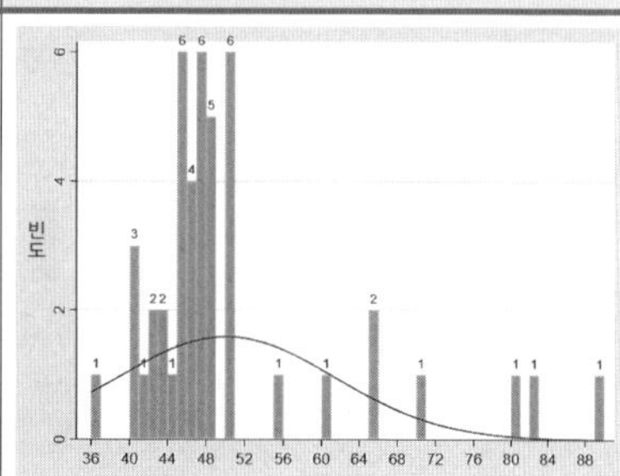
• 평균: 46.1 • 중윗값: 44 • 응답 수: 45	• 평균: 50.1 • 중윗값: 47 • 응답 수: 45

3) 결과의 해석

증가 요인	증가 억제 요인
• 기본소득 도입, 정치적 포퓰리즘 • 노령화, 소득양극화 대응 연금수요 증대 • 국방비 부담 증가 • 코로나19 대응 • 저성장 기조로 세수 감소 • 정부의 적자재정 선호 기조	• GDP 증가, 세입 증가 등으로 인해 GDP 대비 중앙정부 총채무비율은 현재 수준을 유지하거나 소폭 하락할 것으로 예상됨 • 국가재정 건전성의 측면에서 재정통제장치 도입을 통한 급격한 증가세를 둔화시킴

많은 응답자들이 향후 10년간 중앙정부 채무규모의 증가를 예측하였다. 증가 요인으로 제시된 것은 코로나19 사태, 확장적 재정정책, 복지정책 확대 등이다. 반면 증가 억제 요인으로는 GDP 및 세입 증가, 그리고 재정건전성 측면에서 중앙정부의 재정통제 가능성 등이 제시되었다.

실제로 중앙정부는 사회복지 수요에 대응하기 위해 사회안전망 확충 측면에서 생계급여 부양의무자 기준 폐지, 저소득층 지원, 노후소득보장 강화, 장애인 및 소외 아동·청소년 등 취약계층 지원, 국민건강을 고려한 투자 확대 및 보건사업 육성 지원을 계획하고 있다. 그리고 공적연금 측면에 있어서도 장애인연금 인상, 노인기초연금 인상을 추진하고 있는 만큼, 중앙정부 채무규모는 향후 증가할 가능성이 높다고 할 수 있다.

5. I 조세부담률

1) 개념 및 현황

국세는 소득세, 법인세, 상속세, 증여세, 종합부동산세, 부가가치세, 개별소비세, 주세, 인지세, 증권거래세, 관세, 교육세, 교통에너지환경세로 구성되며, 지방세는 취득세, 등록면허세, 지방소비세, 레저세, 지역자원시설세, 지방교육세, 지방소득세, 주민세, 재산세, 자동차세, 담배소비세로 구성된다. 그리고 2019년도 국세의 총규모는 293.5조 원, 지방세의 총규모는 90.5조 원으로 2011년도에 비해 각각 약 100조 원 및 48조 원 증가하였다.

조세부담률(total tax revenue [excluding social security] as percentage of GDP)이란 경상GDP에서 조세(국세+지방세)가 차지하는 비중으로서, 특정 국가 국민들의 조세부담 정도를 측정하는 지표를 말하는데, 국민들의 조세부담을 통해 정부의 국정운영 및 국민들의 조세부담에 대한 변화를 예측할 수 있다. 여기서 조세란 국세 및 지방세를 포함하되, 건강보험료, 기타 보장세를 비롯한 사회보장기여금 등은 포함하지 않는다. 조세부담률에 영향을 미치는 요인으로는 소득수준, 인구증가, 도시

표 7.4 조세부담률

(단위: %)

연도	2011	2012	2013	2014	2015	2016	2017	2018	2019
조세부담률	17.6	17.8	17.0	17.1	17.4	18.3	18.8	20.0	20.0

출처: 국세청 · 관세청. 「징수보고서」; 행정안전부. 「지방세 통계연감」.

화, 정권 특성, 성장정책 등이 있다(김명숙, 1994).

조세부담률은 2011년 17.6%에서 2019년 20.0%까지 대체로 증가세를 보였다. 단 OECD 평균에 비하면 아직 낮은 수준이다.

2) 델파이 질문 및 조사 결과

델파이 질문

조세부담률은 2017년 기준으로 18.8%이며 OECD 평균에 비하면 낮은 수준입니다. 그리고 2011년 조세부담률은 17.6%이고 2018년 조세부담률은 20%로 증가 추세에 있습니다. 2025년과 2030년에 조세부담률이 몇 %일 것으로 예측하십니까?

조세부담률의 2025년, 2030년 예측치 중윗값은 각각 23%, 25%로 나

| 그림 7.4 | 조세부담률 3차 델파이 결과

2025년 예측치 분포(단위: %)

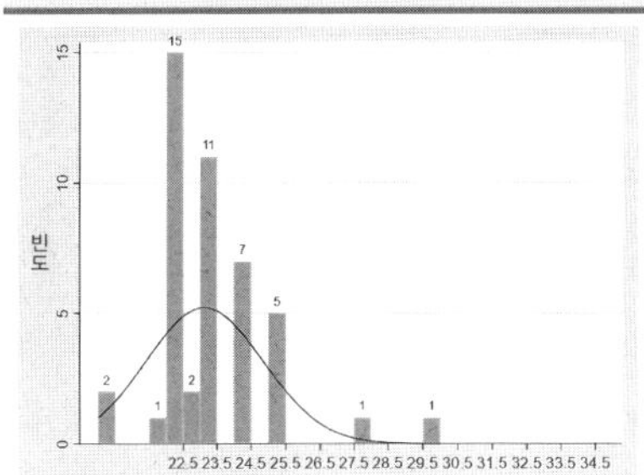

- 평균: 23.1
- 중윗값: 23
- 응답 수: 45

2030년 예측치 분포(단위: %)

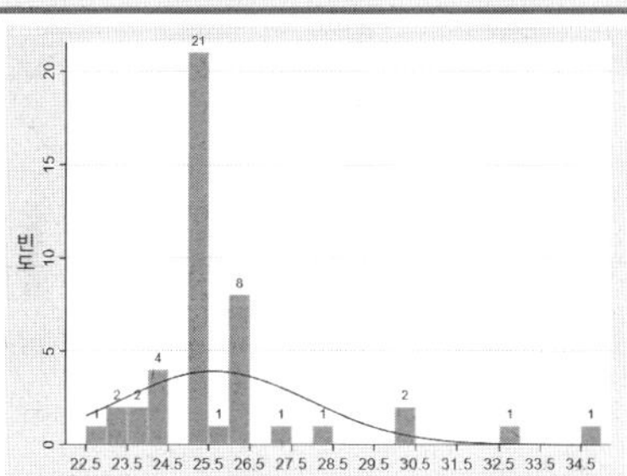

- 평균: 25.6
- 중윗값: 25
- 응답 수: 45

타났다. 2019년 대비 2025년에는 3.0%p 증가하고, 2030년에는 5.0%p 증가할 것으로 예측되었다.

3) 결과의 해석

증가 요인	증가 억제 요인
• 확장적 재정정책으로 조세부담률 증가 압력 지속됨 • 저성장, 기후변화, 디지털전환 과정에서 소득과 자산의 양극화 발생함 • 지방정부의 비효율 및 선심성 정책의 남발 • 지방세 부문에서 지방재정분권화 및 지방재정의 강화 추세, 지방세목 신설, 재산세 증세 • 개인 부동산 및 자산거래와 관련한 세금이 증가, 소득세와 법인세에 대한 과세체계 개편(최고 세율 인상 등), 보유세 부담 증가 • 누진세율을 높이거나 부유세를 신설	• 저성장 기조를 유지할 것으로 본다면 급격한 조세부담률 증가는 예상하기 어려움 • 코로나19에 따른 경기침체로 인해 세수의 대폭 감소가 예상되므로 조세부담률이 현행 수준 유지 • 증세에 대한 국민 저항(현재 부동산 세금 등에 대한 불만 고조) • 선거(대선, 총선) 등을 통해 소득세와 각종 부동산세 등 인하 등으로 조세부담률이 유지되거나 낮추어질 전망 • 새 정부에서 세율을 낮추는 공약을 제시할 가능성 있음

많은 응답자들이 향후 10년간 조세부담률의 증가를 예측하였다. 증가 요인으로는 코로나19 사태 대응, 국가채무 증가로 인한 재정건전성 악화, 지방세 및 국세의 증가, 복지확대정책 등이 제시되었다. 반면 증가 억제 요인으로는 저성장 기조, 코로나19로 인한 경기침체, 소득세 및 각종 부동산세 등 인하, 국민 저항 등이 제시되었다.

참고로 중기 재정운용계획은 2024년에 조세부담률이 19.0%일 것으로 전망하고 있으나, 대부분의 응답자들은 정부 예측치보다 높은 수치를 제시하고 있다. 국세부문에서 개인 부동산 및 자산 거래 관련 세금 증가, 지방세목 신설 및 재산세 증가, 소득세와 법인세에 대한 과세체계 개편 및 보유세 부담 증가는 총조세부담률을 증가시킬 것이다.

▌참고문헌 *Reference*

1. 김명숙. (1994). 『조세부담률의 결정요인과 적정 조세부담률의 모색』. 한국조세재정연구원.
2. 김민경. (2018). 「재정분권화가 지방채무규모에 미친 영향: 지방채무 결정요인을 중심으로」. 『융합사회와 공공정책(구 공공정책과 국정관리)』, 12(1), 3-27.
3. 이재완 · 김교성. (2007). 「지방자치단체 사회복지지출 수준의 결정요인 분석: 1995-2005」. 『사회 복지정책』, 31(0), 105-124.
4. Kim, K., & Lim, S. (2018). Determinants of state long-term debt: The political market framework. *The Social Science Journal*, 55(3), 359-368.
5. 국회예산정책처(NABO). (2020). 『장기 재정전망』. 거시경제분석과.
6. 기획재정부. (2020). 「2020~2024년 국가재정운용계획」 주요 내용.
7. ________. (2020a). 『2020 나라살림 예산개요』.
8. ________. (2020b). 「2021년도 예산안 40대 중점 프로젝트」.
9. e-나라지표, https://www.index.go.kr/main.do?cate=6

제8장

디지털정부의 기반 구조

1. 선정 배경
2. 디지털 주민등록증(디지털 ID)
3. CCTV 설치 및 활용의 변화

1. | 선정 배경

오늘날 디지털정부의 운영 기반은 우선적으로 국민들의 디지털 ID 활용에 달려 있다. 이에 따라 세계 여러 나라들은 공공부문에서 전자적인 디지털 신원 확인의 범위를 늘려나가고 있다. 세계 최초의 전자시민권(e-residency) 발급은 에스토니아에서 이루어졌다. 에스토니아는 2002년부터 국민에게 칩이 들어있는 ID 카드를 의무적으로 발급했다. 국민이 명확하게 자신의 신원을 밝히고, 법 관련 처리나 문서를 디지털 서명으로 인증할 수 있는 카드이다. 1999년부터 (에스토니아는 물론) EU 전역에서 디지털 서명을 수기 서명과 똑같이 취급하고 있다. 이러한 전자시민권을 바탕으로 하여 에스토니아는 2020년 UN의 세계 전자정부 평가에서 3위를 달성하였다(UN, 2020).

이러한 세계 추세에 대응하기 위하여 한국 정부도 2019년 10월 29일, 디지털 전환의 새로운 변화에 따라서 국민의 목소리에 더욱 빠르게 반응하고, 새로운 행정수요에 능동적으로 대처하기 위하여「디지털 정부혁신 추진계획」을 마련하였다(관계부처합동, 2019).

이러한「디지털 정부혁신 추진계획」의 기반을 이루는 것이 바로 디지털 ID의 보급과 활용이다. 따라서 향후 디지털 정부의 기반 구축과 성공은 국민들에게 디지털 ID가 얼마나 보급되느냐에 달려 있다고 볼 수 있다.

이와 함께 다루어져야 하는 디지털 기반 구조의 하나가 폐쇄회로 텔레비전(Closed Circuit Television, CCTV)의 도입과 활용이다. CCTV는 공개된 장소에 지속적으로 설치되어 사람 또는 사물의 영상 등을 촬영하는 장비로서, 범죄 예방 · 시설안전 관리 등의 효과와 함께 사생활 침해 우려도 있으므로, 설치 대수의 추이는 사회질서 유지와 개인정보 보호에 대한 관심을 판단하는 지표가 될 수 있다. 더 나아가 디지털정부에 대한 국민 신뢰 및 불신과 연결될 수 있는 중요한 자료이다.

현재 한국에서 범죄 예방 · 시설안전 관리 등 사회질서 유지 필요에 따라 CCTV 설치 대수는 지속 증가하고 있으나, 그 증가율은 법 제정에 따른 의견수렴 절차 등 준수, 사생활 침해에 대한 관심 증가 등에 따라 점차 감소되는 추이를 보이고 있다.

그러나 이제 지능정보시대를 맞이하여 얼굴인식 및 인공기능 기술이 기존의 CCTV에 접목되어 지능형 CCTV로 진화하고 있다. 이러한 지능형 CCTV는 감지 대상을 영상으로 탐지하고 상황을 분석, 경보를 감시자에게 전달하는 시스템이다. 강력범죄, 재난 · 재해에 대한 예방 및 즉각적 대응에 초점을 맞춘 사회안전망의 필요성이 높아지고, CCTV 등 감시시스템 확대에 따라 분석 가능한 영상 정보가 늘어나면서 지능형 감시시스템이 빠르게 도입되고 있다(정충식 · 김동욱, 2017). 따라서 디지털 주민등록증, 그리고 CCTV 설치 및 운영 대수를 중심으로 디지털정부의 기반 구조를 살펴보기로 한다.

2. | 디지털 주민등록증(디지털 ID)

1) 개념 및 현황

정부는 2019년 10월 29일에 「디지털 정부혁신 추진계획」을 발표하면서 그 세부 추진과제로 다음과 같이 모바일 신분증을 도입하기로 하였다(관계부처합동, 2019).

> 우선 2019년 말에는 주민등록등 · 초본을 스마트폰에 저장하고 관공서, 은행 등에 온라인으로 제출할 수 있는 전자증명서 서비스도 선보일 예정이다. 이를 2020년에는 가족관계증명서 등 100종, 2021년에는 인감증명서 등 300종까지 늘릴 계획이다. 신분증도 스마트폰 안으로 들어간다. 정부는 위 · 변조나 도용 우려가 있는 기존 플라스틱 카드보다 안정성과 편의성이 높은 스마트폰 기반 디지털 신분증을 도입하기로 하고 공무원증과 같이 이용 대상이 명확한 분야부터 시작해 단계적으로 확대하기로 했다.
>
> 행정안전부는 2020년에 공무원증을 대상으로 모바일 신분증의 편의성과 안전성을 검증한 뒤 2021년 장애인등록증(복지카드), 2022년 운전면허증으로 발급 범위를 확대해갈 계획이다. 모바일 신분증 소유자는 신분증(신원정보)을 스마트폰에 발급받아 보관하면서 신원확인 요청이 있을 때마다 본인 판단에 따라 제공 여부를 결정한다. 신분증 사용 이력은 본인만 확인할 수 있도록 개인 스마트폰에 저장되며 중앙 서버에는 저장되지 않는데, 신분증 발급의 공신력은 갖되 개인의 사용 및 검증과정에는 개입하지 않아 사생활 침해 등 우려는 해소될 것으로 보인다.

이를 위하여 정부는 안전성과 활용 편의성이 높은 스마트폰 기반의 모바일 신분증 플랫폼을 구축하기로 하고 2020년 말까지 공무원증, 그리고 2021년 말까지 청소년증·학생증 등을 대상으로 신청자에 한하여 발급할 예정이다. 이러한 모바일 신분증은 블록체인기술을 활용한 분산 신원증명(DID, Decentralized IDentity) 모바일 신분증 발급관리 시스템 및 온·오프라인 신원검증 기능의 개발로 진행될 예정이다.

2) 델파이 질문 및 조사 결과

델파이 질문

> 17세 이상 국민들에게 전자주민증(e-IC Card)이나 스마트폰 모바일 주민증이 발급될 것으로 생각하십니까? 그렇다면 2025년과 2030년에는 17세 이상 국민 중 몇 %가 전자주민증이나 스마트폰 모바일 주민증을 사용할지를 예측하여 주세요.

디지털 주민등록증 사용 비율에 대한 2025년, 2030년 예측치 중윗값은 각각 50%, 80%로 나타났다. 즉 대부분의 응답자들이 디지털 주민등록증의 보급과 확산에 대하여 빠른 확산을 예측하였다고 볼 수 있을 것이다.

그림 8.1 디지털 주민등록증 3차 델파이 결과

2025년 예측치 분포(단위: %)	2030년 예측치 분포(단위: %)
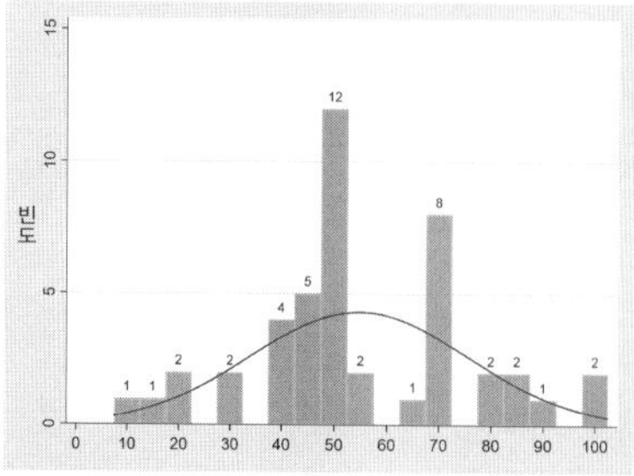	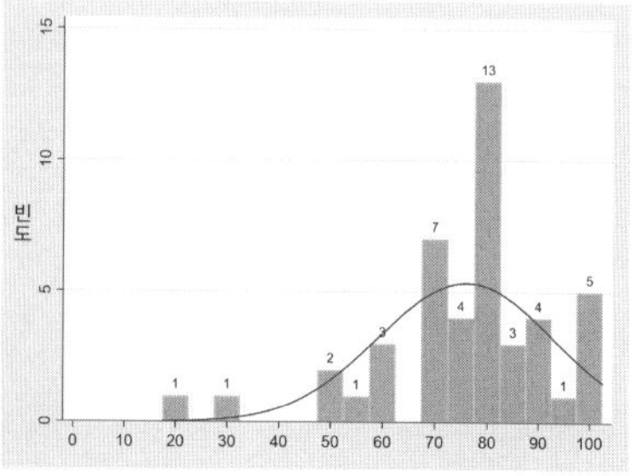
• 평균: 54.8 • 중윗값: 50 • 응답 수: 43	• 평균: 76.0 • 중윗값: 80 • 응답 수: 43

3) 결과의 해석

급격한 증가 요인	점진적인 증가 요인
• 개인의 선택 및 국민의 의지와 무관하게 아날로그 ID 폐지 등 정부의 일방적 추진 가능성 • 고령층에서도 최신 정보통신기술(ICT)에 대한 거부감이 높지 않음 • 편의성과 안정성 확보를 통해 젊은 세대(20~40대)를 중심으로 선호도가 폭증할 것 • 코로나19의 영향으로 최근 국민 개인의 모바일 인증이 이미 도입되어 활용되고 있으므로 거부감이 낮을 것 • 코로나19 사태가 진정된 후 ICT 활용의 중요성이 높아지고 개인정보 보호기술이 빠르게 발전할 것	• 여전히 새로운 기술을 채택하기 싫어하는 사람들이 존재하므로 개인의 선호에 따라 완만하게 증가할 것 • 스마트 기기에서 개인정보 보호 및 기술적 신뢰가 낮을 경우 확산이 지연됨 • 정보통신기술의 사용에 취약한 고령자에게 보급하지 쉽지 않음 • 디지털 신분증이 아닌, 개인 신분을 대체할 수 있는 다양한 인증수단(개인 신분 확인용 QR 코드) 활용

향후 10년간 공공분야에서 디지털 주민등록증을 포함하는 전자적 신원 확인의 비중이 지속적으로 확산될 것에 많은 응답자들이 동의하였다.

한국은 초고속 정보통신망의 기반 구축, 스마트폰의 보급과 활용 및 최근에 5G 세계 최초 상용화에 이르기까지, 새로운 기술의 도입과 활용에 있어서 수용성이 매우 높은 편이다. 또한 지능정보사회의 도래에 따라 이미 기존의 전자정부 서비스들이 스마트폰을 통하여 모바일로 제공되고 있는 실정이다. 따라서 응답자들도 증가 추세에 대하여는 이견이 없었다. 그러나 향후 10년까지의 도입과 확산에서는, 완만한 증가세를 예측하는 전망과 급격한 보급을 전망하는 요인들이 제시되어서 폭넓은 응답 비율을 보였다.

일부 응답자들은 정보격차의 관점에서 ICT 활용 취약계층의 존재를 감안한다면 급속한 증가는 힘들 것으로 예측하였다. 그러나 대다수의 응답자들은 향후 2030년까지 디지털 주민등록증의 보급과 활용이 급속하게 증가할 것이라는 의견들을 제시하였다. 특히 많은 응답자들이 디지털 ID의 급속한 활용의 증가 요인으로 코로나19 사태를 제시하였다. 실제로 코로나19로 인하여 사회적 거리 두기가 강화되면서, 많은 사람이 모이는 곳에 출입하기 위해 현재 QR 코드가 활용되고 있는 실정이다. 따라서 이미 전자신분증의 활용이 일상화되는 단계에 진입하고 있고, 이러한 추세를 감안한다면 디지털 ID의 보급과 활용이 급속하게 증가될 가능성이 존재한다.

과거에 전자주민카드 도입정책이 개인의 프라이버시 침해 문제와 시민단체의 반대 등으로 인하여 좌절된 경험이 있다(행정안전부, 2010). 그 이후 강력한 「개인정보 보호법」의 제정 등으로 인하여 국민들의 개인정보에 대한 인식은 강화되었으나, 빅데이터 시대에 데이터의 다양한 활용에 제약을 받아왔다.

과거 전자정부정책을 추진하면서 주민등록번호를 통하여 정보를 공동 이용하였고, 이것이 대한민국 전자정부가 글로벌 리더로 자리매김하는 데 큰 기여를 하였다. 또한, 최근에 논의되고 있는 것처럼 디지털 주민등록증이 디지털 정부혁신의 가장 중요한 수단임에 틀림없다. 그러나 이처럼 디지털 주민등록증이 확산될 경우, 새로운 전자감시사회의 가능성이 제기될 수도 있을 것이다(국가인권위원회, 2013).

3. ❙ CCTV 설치 및 활용의 변화

1) 개념 및 현황

정부는 공공기관 CCTV의 무분별한 설치를 막고, CCTV를 통해 수집된 개인화상정보를 보호하기 위해 2007년 5월 「공공기관의 개인정보 보호에 관한 법률」을 개정하여 CCTV 관리 강화를 위한 의무사항을 신설하였다. 이어서 2008년 4월 「공공기관 CCTV 관리 가이드라인」을 마련하여 공공기관의 CCTV 관리를 강화하였다(행정안전부, 2008). 이러한 가이드라인의 제정은, 범죄 예방 등을 목적으로 CCTV 설치가 급증하고 있음에도 불구하고 CCTV와 관련된 개인영상정보를 보호하는 대책은 미흡하다는 판단에 따라 추진한 것이다.

행정안전부의 가이드라인에 따르면 CCTV의 설치는 ① 범죄 예방 및 증거 확보, ② 교통정보 제공 및 법규위반 단속, ③ 시설안전 및 화재 예방, ④ 출입 통제 등으로 엄격히 제한되며, 특히 도로·공원·도서관 등 공공장소에 설치하는 경우에는 반드시 공청회 등의 의견수렴절차를 거치도록 하였다.

그리고 2011년 9월 30일 「개인정보 보호법」이 시행됨으로 인하여 공공부문과 민간부문의 개인정보를 종합적으로 보호할 수 있는 기반이 마련되었다. 「개인정보 보호법」 법령의 주요 내용을 살펴보면, 공공기관 및 민간영역의 무분별한 CCTV 설치를 방지하기 위해 법령에서 구체적으로 허용하는 경우, 범죄 예방·교통 단속, 시설안전 등을 위해 필

| 표 8.1 | 공공기관 CCTV 설치 및 운영 대수

(단위: 대, %)

연도	총CCTV 설치 대수	전년 대비 증가 대수	전년 대비 증감비
2008	157,197	57,240	57.3
2009	241,415	84,170	53.6
2010	309,227	67,812	28.1
2011	364,302	55,075	17.8
2012	461,746	97,444	26.7
2013	565,723	103,977	22.5
2014	655,033	89,307	15.8
2015	739,232	84,202	12.9
2016	845,136	105,904	14.3
2017	954,261	109,125	12.9
2018	1,032,879	78,618	8.2
2019	1,148,770	115,891	11.2

출처: 실태조사 및 개인정보보호종합지원시스템 현황자료

요한 경우에 한해서만 설치하도록 규정하였다.

최근 10년 동안에 공공기관에 설치된 CCTV의 운영 대수는 〈표 8.1〉과 같다.

2) 델파이 질문 및 조사 결과

델파이 질문

공공부문의 CCTV 설치가 지속적으로 증가하는 추세를 보이고 있습니다. 2025년과 2030년에서의 공공부문 CCTV 설치 대수를 예측하여 주세요.

공공부문 CCTV 설치 대수의 2025년, 2030년 예측치 중윗값은 각각 150만 대, 200만 대로 나타났다. 즉 대부분의 응답자들이 CCTV 설치

| 그림 8.2 | CCTV 설치 및 활용의 변화 3차 델파이 결과

2025년 예측치 분포(단위: 만 대)

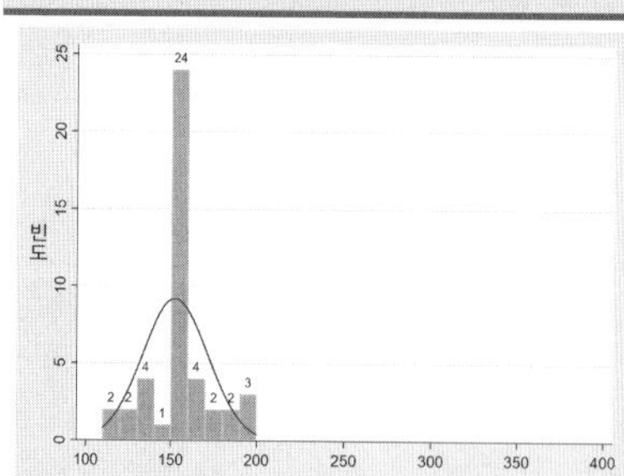

- 평균: 152.3
- 중윗값: 150
- 응답 수: 44

2030년 예측치 분포(단위: 만 대)

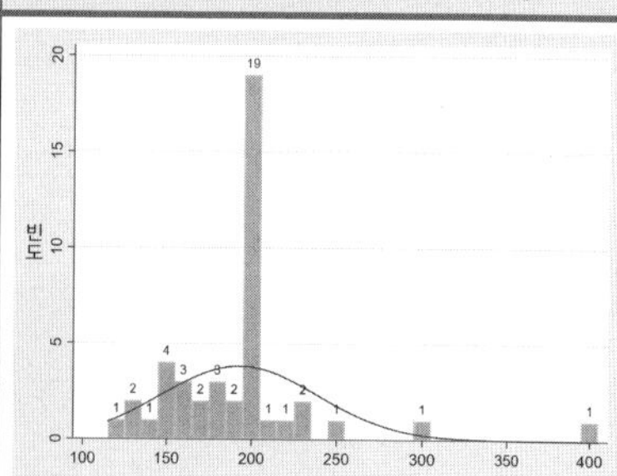

- 평균: 192.8
- 중윗값: 200
- 응답 수: 44

및 활용의 변화에 대하여 점진적인 확산을 예측하였다고 볼 수 있을 것이다.

3) 결과의 해석

증가 요인	증가 억제 요인
• 안전/리스크 관리(방범, 교통안전, 방재, 노약층 보호, 미세먼지 단속 등)에 대한 사회적 수요 증대 • 대도시 주변, 농촌 등 사각지대가 아직 많이 남아 있음 • 최근 광역 지방정부들에서 병원과 수술실 CCTV 설치 의무화 추진 등이 시사하는 것처럼, 일상생활에서의 CCTV 설치가 매우 광범위하게 진행될 것 • 코로나19 대응이 CCTV 수요를 증대시키는 데 크게 일조 • 사물인터넷, 인공지능 기술 접목으로 CCTV 활용성이 커지고 기존 CCTV에 대한 교체수요 증대 • CCTV를 통해 얻어진 데이터를 기반으로 다양한 분석과 활용이 가능해짐 • 지능형교통체계(ITS) 확대 전망(예: 자율주행차 센서기 연동 과속단속 등) • 스마트시티 사업 확대와 연동될 수 있음 • CCTV의 지속적인 저비용·소형화로 인해 예산·공간 제약 점차 완화 • 개인정보·사생활 보호에 대한 국민적 인식이 비교적 낮음 • 국민은 범죄 예방과 단속의 안전 가치를 우선함 • 디지털 전환, 빅데이터 활성화 등의 명목으로 「개인정보 보호법」 규제 약화 가능성 커짐	• 개인정보·사생활 침해에 대한 우려로 인해 CCTV 확대 비판 여론이 확대될 수 있음 • 이미 설치된 CCTV 시설의 유지보수, 교체 비용이 상당함 • 화상·화질·화각 개선, 드론 활용 등으로 CCTV 효율성이 높아지면서 대수 자체는 줄어들 수 있음 • 블랙박스, 생체인식 카메라 등 대안기술이 공공부문 CCTV를 대체할 수 있음

향후 10년간 공공분야에서 CCTV의 보급과 활용이 지속적으로 확산될 것이라는 예측에 많은 응답자들이 동의하였다. 이러한 CCTV의 확산과 관련한 주제에서는 증가 요인들에 대한 주장과 증가 억제 요인들에 대한 논거가 치열하게 대립하는 모습을 보여주었다.

대다수의 응답자들은 아직 국민들의 개인정보·사생활 보호 의식이 높지 않은 점과 스마트시티사업, ITS사업 등 CCTV 사용을 촉진하는 다양한 요인들이 있다는 점을 제시하면서 CCTV의 보급과 활용이 완만하게 증가할 것이라고 예측하였다. 이러한 증가 요인들에 대한 의견과는 반대로, 소수이기는 하지만 여러 응답자들이 사생활 침해에 대한 비판 증대, CCTV의 질적 개선을 통한 운영 대수의 감소 등의 증가 억제 요인들을 제시하면서 CCTV의 대수가 정체될 수도 있다고 예측하였다.

▎참고문헌 *Reference*

1. 관계부처합동. (2019). 「디지털 정부혁신 추진계획」, 2019년 10월 29일.
2. 국가인권위원회. (2013). 『정보인권 보고서』, 2013년 1월.
3. 정충식 · 김동욱. (2017). 『전자감시사회론』. 서울: 서울경제경영.
4. 행정안전부. (2008). 「공공기관 CCTV 관리 가이드라인」, 2008년 4월.
5. ________. (2010). 「전자주민등록증 도입과 관련한 행정안전부 입장」, 2010년 9월 15일.
6. United Nations. (2020). *E-Government Survey 2020: Digital Government in the Decade of Action for Sustainable Development, With addendum on COVID-19 Response*. Department of Economic and Social Affairs. New York, July, 2020.

제 9 장

디지털정부의 업무 환경

1. ㅣ 선정 배경

오늘날 디지털정부의 업무 환경은 급속하게 변화하고 있다. 특히 2020년 코로나19는 이러한 변화를 가속화하는 데 크게 일조했다. 현재 많은 기업들과 정부조직에서 재택근무, 원격근무 등의 스마트워크가 시행되고 있다. 코로나19로 인해 확산되고 있는 스마트워크는 공공부문의 업무 문화를 빠르게 변화시킬 것으로 예상된다.

현재 공공부문에서 스마트워크 활성화를 위해 시행되고 있는 대표적 정책은 공무원 및 공공기관 구성원을 대상으로 하는 스마트워크센터 근무를 들 수 있다. 스마트워크센터란 "이용자(공무원 또는 공공기관)가 자신의 원래 근무지가 아닌 주거지와 가까운 지역에서 근무할 수 있도록 환경을 제공하는 원격근무용 공간, 업무에 필요한 IT인프라(업무용 S/W가 설치된 공용 컴퓨터, 보안성을 갖춘 전산망 등) 및 업무환경(독립된 사무용 책상, 회의실)은 물론, 원근무지와의 원활한 커뮤니케이션을 위한 영상회의시스템이 마련된 공간"을 의미한다.

아래에서는 이러한 스마트워크센터를 포함하는 스마트워크 환경의 변화 추이를 파악하고자 한다. 이와 함께 디지털정부의 업무 환경에서 중요하게 다루어져야 하는 부분이 바로 정보화 관련 예산의 증감에 대한 것이다.

일반적으로 어떤 정책을 평가할 때, 가장 중요한 정책의 우선순위는 예산의 배정으로 나타난다. 따라서 국가 정보화정책의 흐름을 분석할 경우, 집행된 예산의 규모로 정책의 내용을 파악할 수도 있다.

오늘날 한국이 세계 최고의 전자정부국가로 인정을 받게 되기까지에는 여러 가지의 성공 요인들이 있었다. 그리고 그중에서도 지도자의 리더십이나 초고속 정보통신망의 구축 등은 늘 거론되는 성공 요인이었다. 이러한 성공 요인들 가운데 가장 중요하게 다루어져야 하는 부분이 바로 국가정보화 관련 예산이다.

특히 한국은 전자정부 이전의 시절, 전산화와 행정정보화의 단계에서도 정보화촉진기금 등을 활용하여 꾸준하게 국가정보화를 추진하여 왔다. 이것은 과거 국가기간전산망사업의 예산을 '선투자 후정산' 방식을 통해서 조달한 것에서도 잘 드러나고 있다. 향후 5G를 선도적으로 구축하고, 이를 바탕으로 지능형 정부를 구현하기 위해서는 정보화 관련 예산 지원이 뒷받침되어야 한다.

2. | 스마트워크 업무 환경

1) 개념 및 현황

인사혁신처는 코로나19 확산 방지를 위해 재택근무, 시차출퇴근 등 공직사회 비대면 · 비접촉 근무를 활성화한다는 「2020년 공무원 근무혁신 지침」을 2020년 5월 26일부터 46개 중앙행정기관을 대상으로 시행한다고 밝혔다. 이에 따라 비대면 · 비접촉의 '언택트(untact)' 근무가 공직사회에 정착하도록 재택근무와 스마트워크근무 등 교대 원격근무를 적정 비율로 시행한다. 또 재택근무 시 명확한 의사소통 및 성과 중심 복무관리, 재택근무와 시차출퇴근 등 복무상황의 체계적 관리와 자녀 돌봄이 필요한 공무원의 재택근무 배려 등 코로나19에 적합한 복무관리에 나서고 있다.

스마트워크는 재택근무·이동근무 등 정보통신기술을 활용해 시간과 장소에 얽매이지 않고 근무하는 형태를 말하며, 여기에는 모바일오피스, 재택근무, 센터근무, 원격협업 등 4가지 유형이 있다.

▌표 9.1▐ 스마트워크 근무형태

<table>
<tr><th colspan="2">구분</th><th>유형</th><th>근무방식</th><th>도입효과</th></tr>
<tr><td rowspan="3">장소</td><td>현장/
이동</td><td>1. 현장/이동근무
(모바일오피스)</td><td>이동 또는 현장에서 모바일 단말을 활용해 공간 제약 없이 실시간 업무 처리</td><td>•현장업무 신속 처리
•메일, 결제처리 단축</td></tr>
<tr><td rowspan="2">고정</td><td>2. 재택근무</td><td>자택에서 업무 공간 및 필요한 시설과 장비를 구비하고 재택근무 및 1인 창업</td><td>•장애/노인 취업 확대
•기업의 비용 절감</td></tr>
<tr><td>3. 원격센터 근무</td><td>스마트워크센터에서 사무실 환경과 유사하거나 더욱 창의적인 환경에서 근무</td><td>•출퇴근 거리 감소
•창의적 사고 증진</td></tr>
<tr><td colspan="2"></td><td>4. 원격 협업</td><td>자택/이동/센터/직장 등 장소에 관계없이 어디서나, 스마트워크 솔루션을 활용하여 상호 원격 협업</td><td>•출장 감소
•집단지성, 신속 의사결정</td></tr>
</table>

2) 델파이 질문 및 조사 결과

델파이 질문

> 중앙행정기관의 업무 중에서 스마트워크(재택근무+모바일근무+스마트워크센터)가 차지하는 비중이 2025년과 2030년에 몇 %가 될 것인지 예측하여 주세요.

스마트워크 비중의 2025년, 2030년 예측치 중윗값은 각각 20%, 30%였다. 즉 대부분의 응답자들이 스마트워크 업무 비중에 대하여 점진적인 확산을 예측하였다고 볼 수 있다.

그림 9.1 스마트워크 업무 비중 3차 델파이 결과

2025년 예측치 분포(단위: %)	2030년 예측치 분포(단위: %)
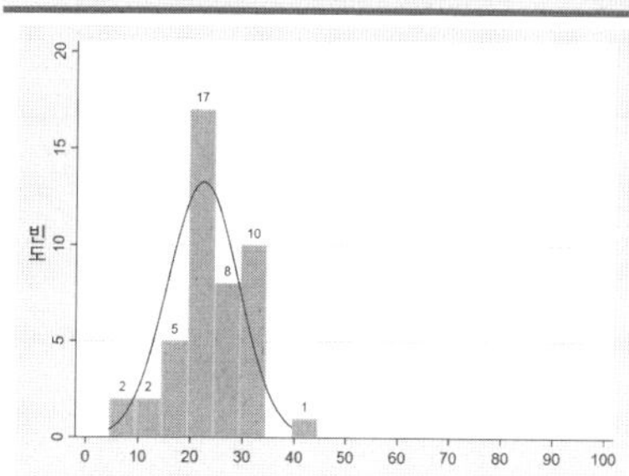	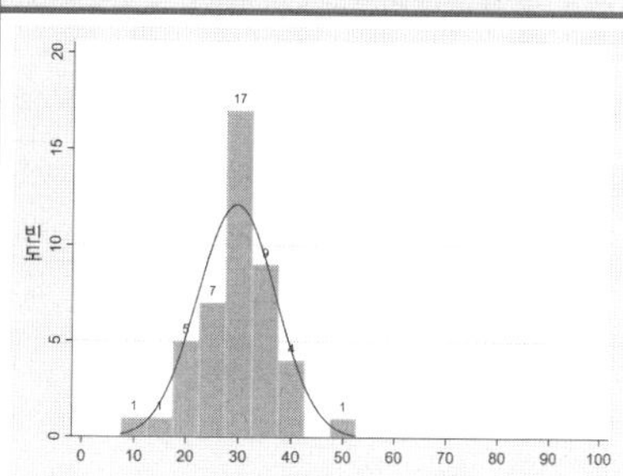
• 평균: 22.4 • 중윗값: 20 • 응답 수: 45	• 평균: 29.6 • 중윗값: 30 • 응답 수: 45

3) 결과의 해석

증가 요인	증가 억제 요인
• 코로나19로 인해 스마트워크에 대한 인식이 변화하고 있으며(언컨택트 사회), 스마트워크가 반드시 필요한 사안임을 인식하고 있음 • 민간기업에서는 일부 기능에 대해서 스마트워크 근무체제를 실제 운영하고 있음 • 중앙행정기관의 대민서비스 부문에서 비대면 행정수요가 증가 • 정부부문에서 인공지능 활용, 디지털 전환으로 업무 간소화에 따라 스마트워크 적용 가능해짐 • 출퇴근에 따른 환경 및 사회적 비용, 맞벌이 가구의 일·가정 양립, 주거 쏠림 현상에 따른 주거비 급등 등 사회적 이슈에 대한 대응으로 스마트워크 활용	• 정부부문 업무 성격에 따라 스마트워크로 전환되기 어려운 분야도 많음 • 원격근무에 따른 성과평가의 어려움, 정부 부문에서의 보안성 강조 분위기 등으로 인해 빠른 전환은 어렵다고 봄 • 정부의 근본적 조직문화(일하는 방식, 대면보고, 회의 등)의 변화 가능성이 낮고, 스마트워크에 대한 관리자들의 부정적 인식이 커짐 • 스마트워크가 가능한 분야는 대개 단순업무 또는 고도의 전문 업무(예를 들면, 회계업무 등)에 국한될 것이며 이러한 업무는 향후 신기술(인공지능, 빅데이터 등)로 대체될 것 • 확실하게 신뢰할 수 있는 보안이 이루어지지 못할 경우 스마트워크의 확산은 어려울 수 있음

위 예측치를 통해 확인할 수 있는 것처럼, 향후 10년간 공공분야에서 스마트워크의 비중이 지속적으로 확산될 것에 많은 응답자들이 동의하였다. 그러나 스마트워크 업무 비중의 확산에서는 완만한 증가세를 예측하는 전망과 함께 다양한 증가 억제 요인들이 제시되어서 폭넓은 응답 비율을 보였다.

증가 요인들의 경우, 코로나19의 상황으로 인한 비대면 업무의 확대, 그리고 인공지능을 포함하는 여러 정보통신기술의 도입과 활용이 제시되었다. 현재 디지털 정부혁신을 추구하고 있는 공공부문의 디지털 전환 관점에서 중요한 키워드는 스마트워크의 보급과 확산일 것인데, 코로나19로 인해 이러한 스마트워크는 근무형태 등 공공부문의 업무처리 환경을 빠르게 변화시킬 것으로 예상된다.

유럽과 미국 등의 선진국에서 스마트워크가 빠르게 도입된 것은 저출산, 고령화 등의 인구 구조 변화에 대응하기 위함이지만, 근본적으로는 정보통신기술이 뒷받침되었기 때문에 가능한 것이었다(권영환 외, 2020). 한국 역시 현재 저출산, 고령화 문제에 심각성을 느끼고 있으며 OECD 국가 중 근로환경이 열악한 위치에 있는 상황이므로, 정보통신기술을 바탕으로 한 스마트워크의 도입은 이번 코로나19 사태를 계기로 빠르게 확산될 것으로 예상된다.

특히 이 과정에서 고려해야 할 사항이 여성 공무원의 비중 확대이지만, 앞 장에서 살펴본 것처럼 최근까지 공공부문에서 여성 공무원의 비중이 급속하게 확대되어 왔음에도, 일과 가정 및 출산과 육아 등 다양한 제약 요인들 역시 병존해 왔다고 할 수 있다. 이러한 사회적 제약 요인을 ICT를 활용한 스마트워크로 극복할 수 있는 환경이 조성되었다. 따라서 공공부문에서 점차 스마트워크를 도입하는 업무의 범위는 넓어질 것이고, 그 방법도 다양해질 것으로 기대된다.

그러나 한편으로 정부부문의 특수성을 감안한 증가 억제 요인들에 대한 의견도 많이 개진되었는데, 오랫동안 이어져온 유교적인 대면 문화, 보안의 강조 등이 그것이다.

3. | 정보화 예산 규모

1) 개념 및 현황

정부예산은 그것이 편성될 그 당시의 정치 · 경제 · 사회적 요구를 반영한다고 볼 수 있다. 따라서 예산의 구성이 어떻게 이루어져 왔는지를 분석해보면 그 당시의 정치 · 경제 · 사회적 요구를 알 수 있다. 정보화 예산은 일반회계에 속하는 예산으로서 이러한 정보화 관련 예산의 증가는 국가정보화 정책의 중요성 및 우선순위를 나타내고 있다. 최근 10년 동안의 정보화 관련 예산의 변화 추이는 〈표 9.2〉와 같다.

과학기술정보통신부는 2019년 12월 '2020 국가정보화 추진방향 설명회'를 열어 2020년 국가정보화사업에 총 5조 1,000여억 원의 예산을 투입하기로 했다고 설명하였다(과학기술정보통신부, 2019). 이것은 국가정보화 예산이 지속적으로 전체 예산 대비 1.2%의 비중을 차지하고 있는 것을 의미한다.

| 표 9.2 |　정보화 예산의 변화

연도	2013	2014	2015	2016	2017	2018	2019
전체 예산 (조 원)	342	355.8	375.4	386.4	400.5	428.8	469.6
정보화 예산 (억 원)	39,290	49,186	52,094	53,804	52,085	52,347	57,838
비율	1.15%	1.38%	1.39%	1.39%	1.30%	1.22%	1.23%

출처: 미래창조과학부. (2014-2016). 「국가정보화 시행계획」; 과학기술정보통신부. (2017-2018). 「국가정보화 시행계획」.

2020년의 국가정보화사업의 추진 방향은 지능정보기술 투자 비중을 지속해서 확대하고, 노후화된 정부의 정보시스템을 차세대 시스템으로 교체하는 게 핵심이다. 55개 중앙행정기관이 수립한「2020년 국가정보화 시행계획」에 따르면 국가정보화 총예산 규모는 2019년의 4조 6,340억 원보다 11.5% 많은 5조 1,687억 원이다.

그리고 이 가운데 지능정보기술을 활용한 사업의 규모는 1조 2,891억 원이다. 이는 전체 국가정보화 예산의 24.9%로 2019년 보다 약 2%p 증가한 것이다. 또 2020년에는 행정서비스 관련 정보시스템을 차세대 시스템으로 전환하기 위한 사업을 본격 추진하기로 했다. 사업 규모는 2,659억 원으로 2019년 836억 원보다 1,823억 원 증가했다. 과학기술정보통신부는 "정부는「제6차 국가정보화 기본계획」에 따라 국가정보화 예산 가운데 지능정보기술 투자 비중을 2022년까지 35%로 확대하기 위해 노력하겠다."고 밝혔다.

2) 델파이 질문 및 조사 결과

델파이 질문

정보화 예산은 최근 총예산 대비 1.2%대를 유지하고 있습니다. 2025년과 2030년에서의 국가 전체 예산 대비 정보화 예산 비율(%)을 예측하여 주세요.

정보화 예산 비율의 2025년, 2030년 예측치 중윗값은 각각 1.5%,

❙ 그림 9.2 ❙ 정보화 예산 비율 3차 델파이 결과

2025년 예측치 분포(단위: %)	2030년 예측치 분포(단위: %)
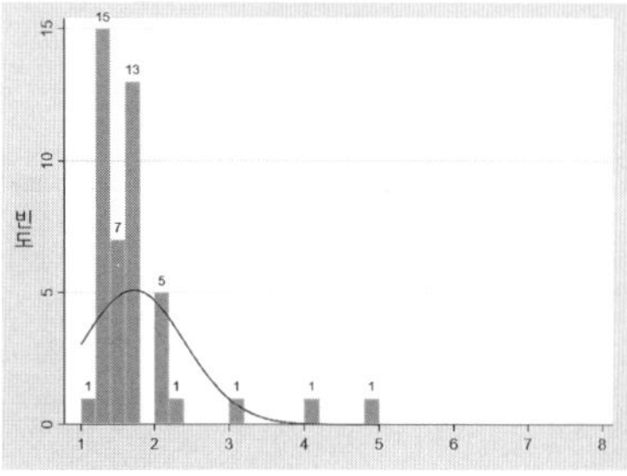	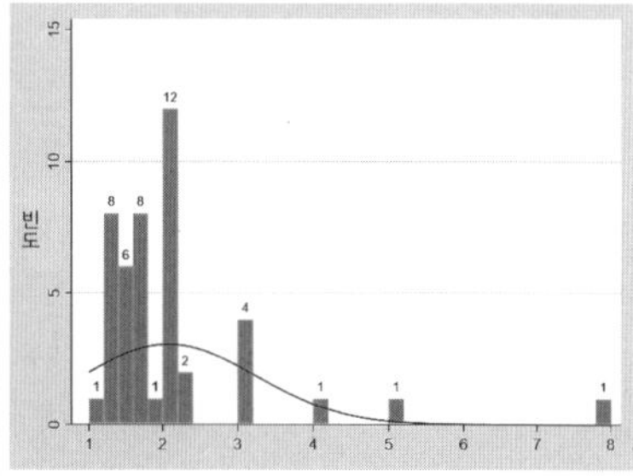
• 평균: 1.7 • 중윗값: 1.5 • 응답 수: 45	• 평균: 2.1 • 중윗값: 1.8 • 응답 수: 45

1.8%로 나타났다. 즉 대부분의 응답자들이 정보화 관련 예산 비중에 대하여 점진적인 확대를 예측하였다고 볼 수 있다.

3) 결과의 해석

증가 요인	증가 억제 요인
• 코로나19로 인한 업무 수행 방식 변화 • 정부의 집중 육성 필요성, 데이터·네트워크·인공지능 생태계 강화와 비대면 산업 육성, 디지털 뉴딜정책, 인공지능 및 사물인터넷 기술 확산 • 디지털 전환을 통한 서비스 전달체계 통합과 효율성이 강조될 것으로 예상 • 국가정보화 인프라를 업그레이드하는 사업 추진, 지능정보화 기반 구축 • 공무원과 시민 대상 정보화 교육 예산이 크게 증가할 것	• 사회복지 등 다른 부문의 예산 증가로 인해 상대적으로 정보화 예산 비율이 높아지기 어려움 • 지능정보기술이 도입되면 정보화 예산은 절감될 수 있어 비중이 늘어나기 어려움 • 추가적인 정보화사업도 현행 예산규모 범위 내에서 가능할 것으로 예상함 • 정보 인프라 구축은 어느 정도 충족되었다고 볼 때 유지보수 활용 예산 중심으로 재정구조가 개편될 것으로 파악됨. 하드웨어 측면의 대대적인 신규 투자 수요가

• 인공지능, 빅데이터, 스마트시티 등 정보화에 대한 다양한 사업 전개 • 인공지능 등 정보통신기술의 발달은, 사회 전체로의 적용으로 반드시 이어질 것이기 때문에 정보화 예산은 필수적으로 증가할 것으로 예상 • 지능형 정부로의 진화가 스마트 산업 발전에 필요조건이 되기 때문에 정보화 예산 비중이 증가할 것임	미미함 • 정보화사업은 직접적인 대국민 정책사업이라기보다는 정부 운영 방식의 변화를 도모하는 운영사업으로 볼 수 있어 정보화 예산 증가가 크게 늘어나기 어려움

전 세계의 거의 모든 나라들은 디지털 전환의 시대를 맞이하여 디지털 정부혁신을 추구하고 있고, 이는 한국 역시 마찬가지이다. 따라서 이러한 디지털정부를 구현하기 위한 정보화 예산 비중의 증가 추세에 대하여 응답자들도 이견이 없었다. 많은 응답자들이 디지털 뉴딜, 스마트시티, 공무원과 시민 대상 정보화교육, 스마트(지능형) 산업 육성을 위한 지능형 정부 등으로 정보화 예산 비중은 점차 늘어날 것으로 예측하였다. 그러나 일부 소수의 응답자들은 지능형 정보통신기술은 스스로 예산절감효과를 가지기에 정보화 예산 비중이 늘어나지 않을 것으로 예측하였다.

문재인 정부는 대통령 직속으로 4차산업혁명위원회를 구성하였고, 지능형 정부 구현 등 다양한 디지털 뉴딜사업을 추진하고 있다. 따라서 향후 10년 동안 정보화사업 예산은 지속가능성을 어느 정도 확보했다고 볼 수 있다.

참고문헌 *Reference*

1. 과학기술정보통신부. (2019). 2020 국가정보화 추진방향 설명회, 2019년 12월.
2. 국가정보화전략위원회. (2010). 『스마트워크 추진 배경과 전략』. 2010년 7월.
3. 권영환 외. (2020). 「원격근무 솔루션 기술 · 시장 동향 및 시사점」. 『SW 중심사회』, No 71, 통권 제71호, 2020년 5월, 80-111. 소프트웨어 정책연구소.
4. 정충식. (2017). 「문재인정부: 성공과 실패의 갈림길-4차산업혁명위원회 구성을 중심으로-」. 『2017년 한국정책학회 추계학술대회발표논문집』, 2017년 9월 16일.
5. Chung, Choong-sik. (2020). Why and How South Korea Became the World's Best E-Government Country: Focusing on the Leadership of President Roh, Moo-Hyun. In A. Sieben (Eds.), *E-Government: Perspectives, Challenges and Opportunities*. NOVA Science Publishers, April 2020. New York. USA.

제 10 장

종 합

1. 최근 10년 추세와 향후 10년 예측의 비교
2. 맺음말

1. | 최근 10년 추세와 향후 10년 예측의 비교

델파이 조사에 참여한 45명의 전문가들은 응답 지표의 최근 10년 추세를 미리 알고서 향후 10년의 변화를 예측하였다. 다만 디지털 ID와 스마트워크의 경우에는 수치적 지표 정보가 부재하기에 정부정책 동향 정보로 대신할 수밖에 없었다.

정부에 관한 지표들의 최근 10년 추세와 전문가들의 향후 10년 변화 예측을 비교해보기로 한다. 23개 항목의 26개 지표에 대한 미래 예측치들(중윗값 기준)은 대체로 최근 10년의 추세가 연장되는 것에서 크게 벗어나지 않는다고 해석할 수 있다.

1) 대외관계에서의 중앙정부 위상

전문가들은 중앙정부의 대외관계로 볼 수 있는 국회와의 관계, 국민과의 관계, 지방정부와의 관계에서 최근 10년의 변화 추세가 향후 10년에도 이어질 것으로 예상하고 있다. 정부입법은 최근까지 줄어들고 있는 건수와 전체 입법 건수에서의 비율을 반영하여 2019년 211건과 3.4%에서 2030년에는 200건과 3.0%로 좀 더 줄어들 것으로 예측되었다. 인사청문 대상자 수도 2020년 31명에서 2030년에는 35명으로 늘어날 것으로 예측하였다. 의원입법의 건수·비율과 인사청문회 대상자 수 증가는 국회와의 관계에서 정부 위상이 약화되는 것을 의미한다. 1987년 6월항쟁 이후 지속되어온 정치의 활성화와 행정의 위축 추세는 향후 10년에도 계속될 것으로 볼 수 있다.

국민청원입법은 최근 줄어들고 있는 추세에서 2012년 59건과 비슷한 수준으로 2030년에 50건으로 예측되었고, 2030년 국민제안 건수는 2014년 10만 6,235건과 2019년 6만 7,548건의 중간 정도의 8만 5,000건으로 예측되었다. 공식 제도를 통한 국민들의 직접적 정책참여 강도는 최근의 약화 추세에서 조금 반등하는 방향으로 예측되었다고 볼 수 있다. 현재 시점에서보다는 좀 더 적극적인 참여 권한을 발휘하는 국민에 대하여, 정부의 봉사자로서의 자세가 더욱 요구된다고 볼 수 있다.

지방정부와의 인사교류는 최근 9년간 약 2배로 늘어난 추세를 반영하여 2019년 364건에서 2030년 380건으로 늘어날 것으로 예측되었다. 국세 비율은 2011년 78.6%와 2019년 76.4%에서 2030년에 73.0%로 조금 줄어들 것으로 예측되었으나 2030년 중앙정부 지출비율은 2019년 65.41%와 거의 비슷한 65.0%로 예측되었다. 지방정부 공무원들의 역할과 역량이 상대적으로 향상되면서 중앙정부로의 유입 수요가 있을 것으로 볼 수 있으나, 재정적인 측면에서는 중앙정부 국세비율과 지출비율이 지난 10년의 유지 추세와 향후 10년에도 큰 변동이 없을 것이라는 예측을 통해 자치분권의 강화가 여러 정부를 거쳐서 공통적으로 표방되었지만 실제로는 추진되지 않을 것이라는 해석을 할 수 있다.

중앙정부는 국회와 국민과의 관계에서는 위상 약화가 예측되나 지방정부와의 관계에서는 현재와 비슷한 강한 위상을 유지할 것이라고 볼 수 있다.

2) 중앙정부의 크기

정부의 크기(size)를 공무원 수, 조직의 수, 재정규모 등 다양한 기준으로 측정할 수 있다. 중앙행정기관의 과 단위 조직은 법령을 소관하고 세부 정책을 담당하는 최소 단위라는 점에서 정부 크기의 기준이 될 수 있다. 중앙정부 과의 수는 2009년 1,113개에서 2019년 1,301개로 매년 조금씩 늘어났는데, 2030년 과의 수는 1,400개로 예측되었다. 중앙정부 공무원 수는 2010년 약 62만 명에서 2020년 약 73만 명으로 늘어났고 2030년에는 76만 명으로 향후 10년 동안 약 3만 명이 늘어날 것으로 예측되었다. 중앙정부 공무원 중에서 거의 절반을 차지하고 있는 교육공무원은 2009년 약 35만 명에서 2019년 37만 명으로 늘어났으나 학령인구의 감소에 따라 2030년에는 35만 명으로 축소될 것으로 예측되었다. 중앙정부 공무원은 향후 10년 동안 교육분야에서 2만 명이 줄고 비교육분야에서 5만 명이 늘어날 것인데, 의료 · 복지 · 안전 분야 공무원의 대폭적인 증원이 예상된다. 내국인 인구가 2020년 5,005만 명을 정점으로 2025년 4,992만 명, 2030년 4,980만 명으로 줄어드는 반면(통계청, 2020) 중앙정부 공무원 수는 3만 명 늘어남에 따라 국가사회에서 정부의 비중이 커질 것으로 해석할 수 있다.

3) 중앙정부의 인력

중앙정부 인력의 전문성과 다양성에 대한 전문가의 예측은 지난 10년간 추세의 연장으로 해석될 수 있다. 경력경쟁채용 비율은 2011년 33.20%에서 2019년 26.21%로 감소되었으나, 2030년에는 33%로 회복될 것으로 예측되었다. 개방형 직위 민간인임용수는 2009년 43명에서 2019년 198명으로 대폭 늘어났고, 2030년에는 265명으로 증가 추세를 지속할 것으로 예측되었다. 경력직 공무원 전반에 걸쳐서 민간경력자의 채용이 증가하면서 중앙정부 공무원의 업무전문성이 향상될 것으로 기대된다. 다만 민간부문 대비 공무원의 보수수준이 2010년 84.4%, 2019년 86.1%로 큰 변동이 없었고, 2030년에 86%로 예측되어 공무원의 상대적 보수수준은 현재와 동일하다는 점에서 민간부문에서 경쟁력을 가진 우수한 인력이 정부부문으로 유입되는 것은 기대하기 어렵다고 볼 수 있다.

여성 공무원의 비율은 빠르게 증가하고 있는데 아직 고위 경력직에서는 남성 공무원의 비중이 높은 편이다. 고위공무원단의 여성 수와 비율이 2012년 66명과 4.2%에서 2019년 122명과 7.9%로 거의 2배로 늘어났는데, 2030년에는 250명과 18%로 또 2배로 늘어날 것으로 예측되었다. 중앙정부의 장애인 고용률은 2009년 2.35%에서 2019년 3.54%로 빠르게 늘어났고, 2030년에 4.2%로 늘어날 것으로 예측되었다. 여성 고위공무원단과 장애인 비율은 지난 10년의 증가 추세를 향후 10년 동안에도 지속할 것으로 예상되는데, 현재 남성 위주, 비장애인 위주인 공무원의 직장과 업무 환경에 상당한 변화를 예고하고 있다.

4) 재정의 규모와 건전성

고령화에 따른 복지지출의 증가에 더하여 최근 경기부양과 코로나19 대응을 위한 중앙정부의 지출이 빠르게 늘고 있지만 그와 반대로 경기침체로 세입은 늘어나지 않으면서, 정부채무 역시 빠르게 늘고 있다. 통합재정규모는 2010년 254.2조 원에서 2019년 439.9조 원으로 늘어났는데, 2030년에는 620조 원에 이를 것으로 예측되었다. 인구고령화에 따른 복지지출 증가가 통합재정규모 증가에 주요 요인일 수 있는데 통합재정규모에서 사회복지 재정이 차지하는 비율은 2010년 31.9%에서 2019년 36.6%로 꾸준히 상승하였고, 2030년에는 43%로 상승할 것으로 예측되었다. 2019년과 2030년을 비교하면 통합재정규모 증가액 266.6조 원에서 사회복지 재정 증가는 161조 원이므로 사회복지를 제외한 나머지 부문은 105.6조 원 증가하는 셈이다. 통합재정 증가분의 60% 이상을 사회복지 부문이 차지하므로 경제성장역량 강화를 위한 정부재정의 역할은 약화될 수 있다고 본다.

GDP 대비 중앙정부의 채무비율은 2010년 29.54%에서 2019년 37.90%로 빠르게 증가하였는데, 2030년에는 47%로 증가할 것으로 예측되었다. 지출 증가 속도가 세입 증가 속도보다 빠른 상황이 지속되어 정부 채무가 늘어나지만 GDP 성장은 정체될 것으로 예상한다고 볼 수 있다. 중앙정부의 채무 증가는 조세수입 증대 압력으로 작용할 수 있고, GDP 성장이 정체된다면 조세부담률은 높아질 수밖에 없다. 조세부담률은 2011년 17.6%에서 2019년 20.0%로 8년간 2.4%p 증가하였으나, 2030년에는 25%로 상승하여 5.0%p 증가하는 것으로 예측되었다. 향후 10년 동안 조세수입 증대를 위한 강한 정치·법제·행정적 기제가 마련되고 작동될 것으로 예상된다.

5) 디지털기술의 확산

최근 코로나19로 인한 비대면 상황에서 디지털기술의 효능성이 극대화되고 있다. 디지털ID가 발급되고 CCTV가 보편적으로 활용되면서 정부의 정보수집 자체가 애초부터 종이와 아날로그 방식에서 디지털로 전환될 것으로 전망한다. 또한 정부에서 디지털기술 기반설비와 운영 SW를 확충하고 사무실 공간 외에서 자유롭게 업무를 수행할 수 있는 스마트워크도 확산될 것으로 전망한다. 2030년에는 17세 이상 국민의 80%가 디지털 또는 모바일ID를 사용할 것이고, 2019년 115만 대의 CCTV는 200만 대까지 증가할 것으로 예측되었다. 국민 개개인의 정형화된 데이터는 물론이고 영상 또는 위치 데이터가 수집되면서 행정의 효율성과 정확성은 극대화되지만 개인정보 오남용과 사생활 침해의 우려도 커질 것으로 전망한다. 중앙정부의 정보화예산의 비율은 2013년 1.15%에서 2019년 1.23%로 큰 변동이 없었으나, 2030년은 1.8%로 증가할 것으로 예측되었다. 스마트워크 업무 비중이 2030년에는 30%까지 늘어나며 이를 지원하기 위한 대규모 정보자원의 투자가 요구된다고 볼 수 있다. 정보화예산의 빠른 증가는 중앙정부가 사회 전반의 지능정보화 추세에 대응하고, 정부 스스로의 디지털 환경을 구현하는 노력과 연관된다고 볼 수 있다.

2. | 맺음말

23개 항목의 26개 지표에서 수치적 답변의 분포는 모두 쌍봉이 아닌 단봉의 형태로 나타났다. 중앙정부의 10년 후 미래 모습에 대하여 45명 전문가들의 의견은 중윗값을 중심으로 수렴하였다. 따라서 중윗값에 기초하여 서술한 본 델파이 조사 결과에 대하여 그 나름 높은 신뢰도를 부여할 수 있다고 연구진은 자부한다.

23개 항목에서 눈에 띄게 이상하거나 특별하다고 할 만한 결과는 없었고, 델파이 참여 전문가들은 대체로 지난 10년의 추세가 향후 10년에도 이어질 것으로 전망하였다. 여기에는 긍정적 추세가 지속될 것이라는 희망적 전망과, 부정적 추세도 개선되지 않을 것이라는 비관적 전망이 혼재되어 있다. 중앙정부 공무원 인력의 전문성과 다양성이 향상되고 디지털기술의 확산이 지속되며 국민참여가 회복되는 추세도 예측되었지만, 지방분권이 지연되고 공무원 수가 증가하며 재정건전성이 약화되는 추세 등도 예측되었다.

이번 델파이 조사 연구에서는 미래 예측과 전망에서 최대한 가치판단을 배제하려고 노력하였다. 예측 결과에 대한 가치판단을 포함한 연구는 후속 연구자들의 몫이라고 본다.

❙ 참고문헌 *Reference*

1. 통계청. (2020).「2019년 장래인구특별추계를 반영한 내·외국인 인구전망: 2017~2040년」.

부록

1, 2차 델파이 결과

제1장 정부-국회 간 견제와 균형

| 부록 그림 1.1 | 정부제안 입법 건수 1차 델파이 결과

2025년 예측치 분포(단위: 건)	2030년 예측치 분포(단위: 건)
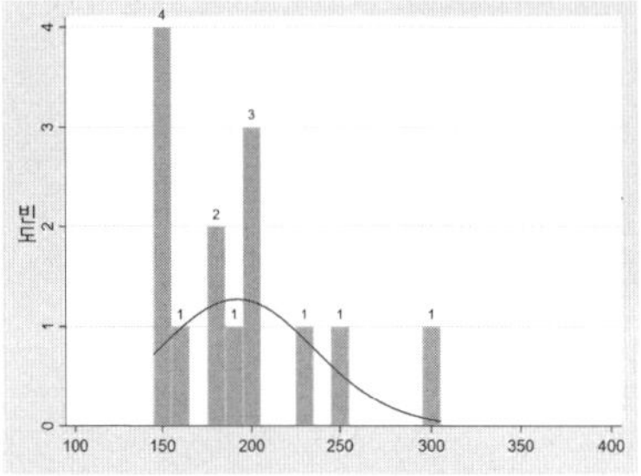	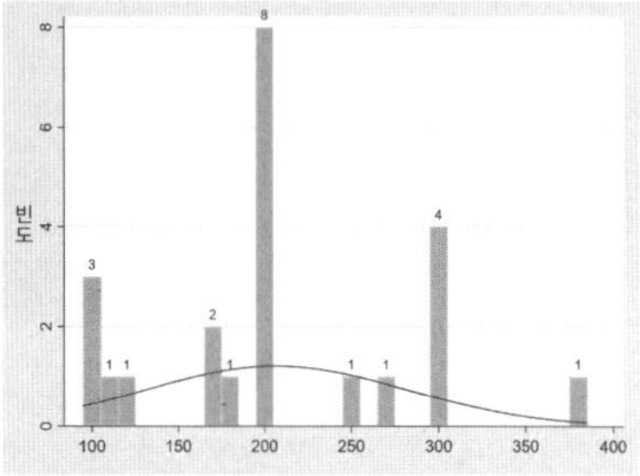
• 평균: 224.3 • 중윗값: 185 • 응답 수: 15	• 평균: 226.7 • 중윗값: 200 • 응답 수: 20

| 부록 그림 1.2 | 정부제안 입법 건수 2차 델파이 결과

2025년 예측치 분포(단위: 건)	2030년 예측치 분포(단위: 건)
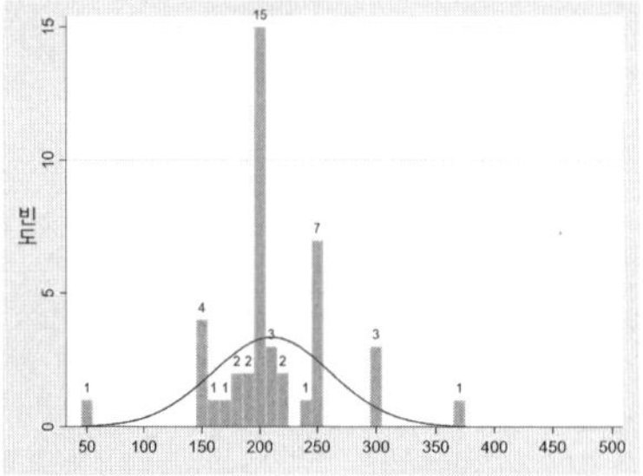	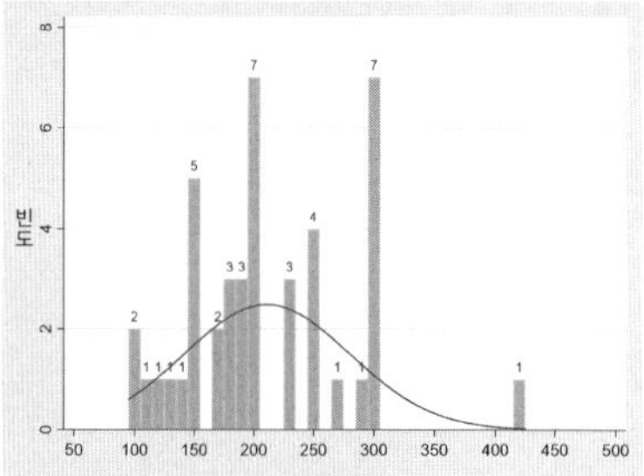
• 평균: 210.2 • 중윗값: 200 • 응답 수: 43	• 평균: 211.0 • 중윗값: 200 • 응답 수: 43

| 부록 그림 1.3 | 정부제안 입법 비율 1차 델파이 결과

2025년 예측치 분포(단위: %)	2030년 예측치 분포(단위: %)
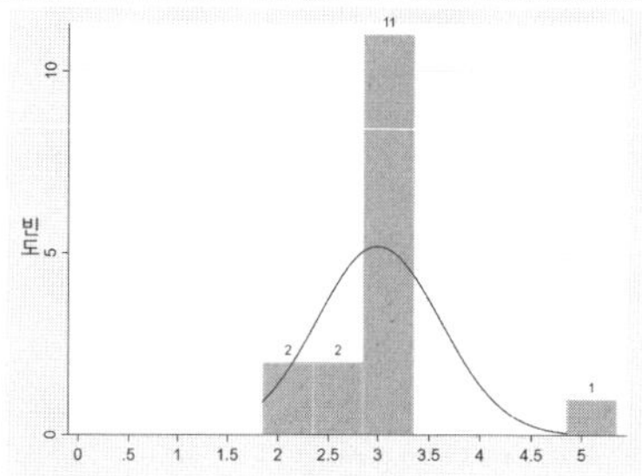	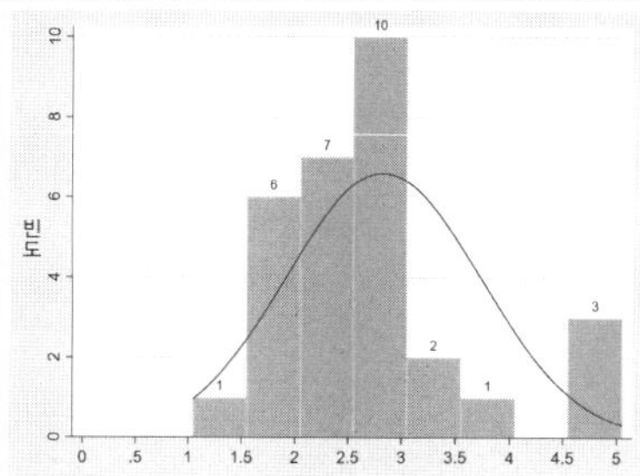
• 평균: 3.0 • 중윗값: 3.0 • 응답 수: 16	• 평균: 3.0 • 중윗값: 2.6 • 응답 수: 24

| 부록 그림 1.4 | 정부제안 입법 비율 2차 델파이 결과

2025년 예측치 분포(단위: %)	2030년 예측치 분포(단위: %)
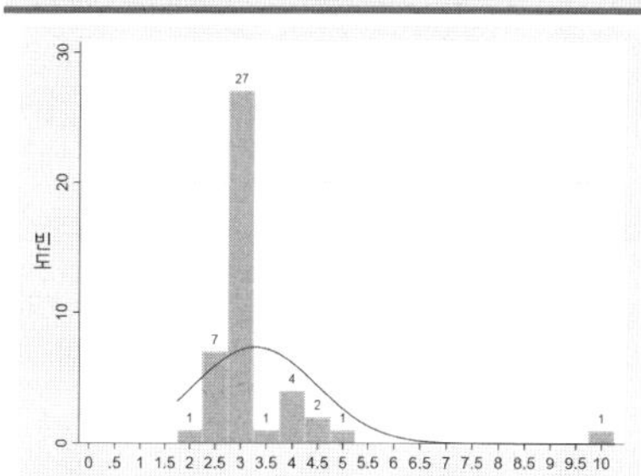	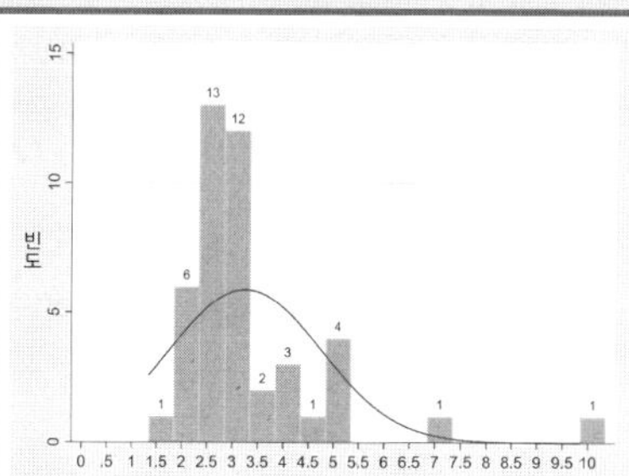
• 평균: 3.3 • 중윗값: 3.0 • 응답 수: 44	• 평균: 3.3 • 중윗값: 2.9 • 응답 수: 44

| 부록 그림 1.5 | 국회 인사청문회 대상자 1차 델파이 결과

2025년 예측치 분포(단위: 명)

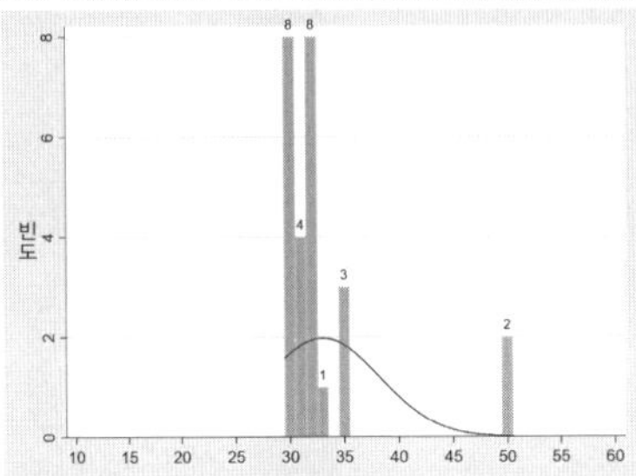

- 평균: 33
- 중윗값: 32
- 응답 수: 26

2030년 예측치 분포(단위: 명)

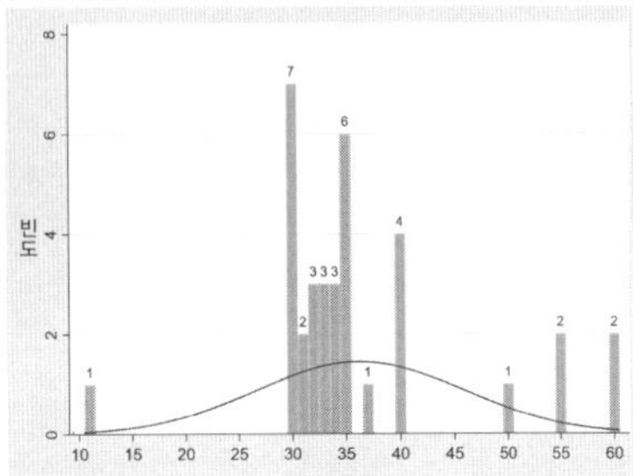

- 평균: 38
- 중윗값: 34
- 응답 수: 36

| 부록 그림 1.6 | 국회 인사청문회 대상자 2차 델파이 결과

2025년 예측치 분포(단위: 명)

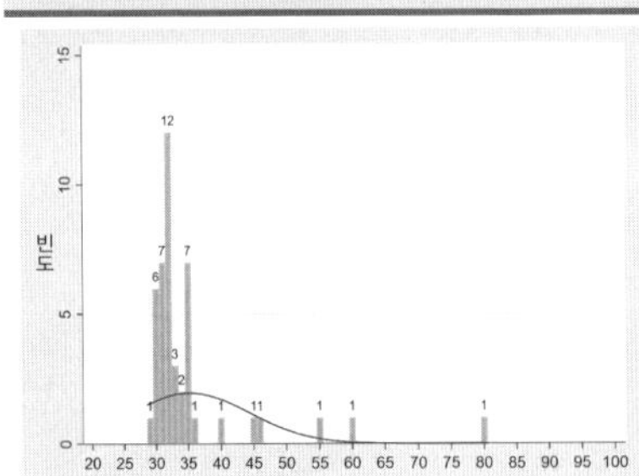

- 평균: 35.2
- 중윗값: 32
- 응답 수: 45

2030년 예측치 분포(단위: 명)

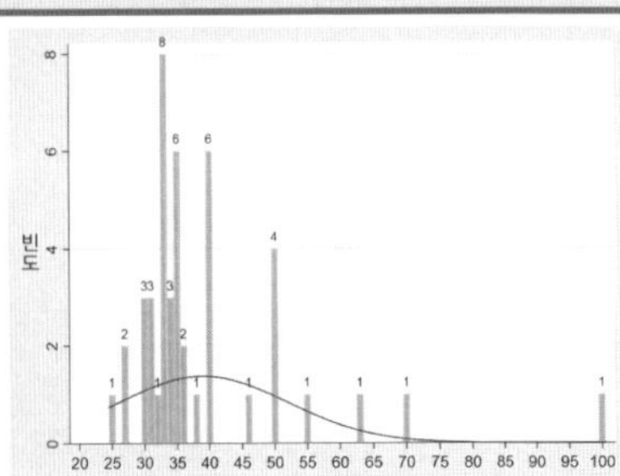

- 평균: 39.0
- 중윗값: 35
- 응답 수: 45

제2장 국민의 정책참여 확대 노력

| 부록 그림 2.1 | 국민청원입법 1차 델파이 결과

2025년 예측치 분포(단위: 건)

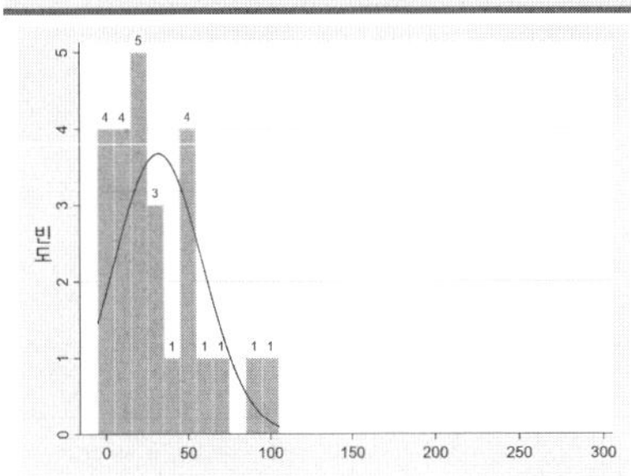

- 평균: 30
- 중윗값: 50
- 응답 수: 27

2030년 예측치 분포(단위: 건)

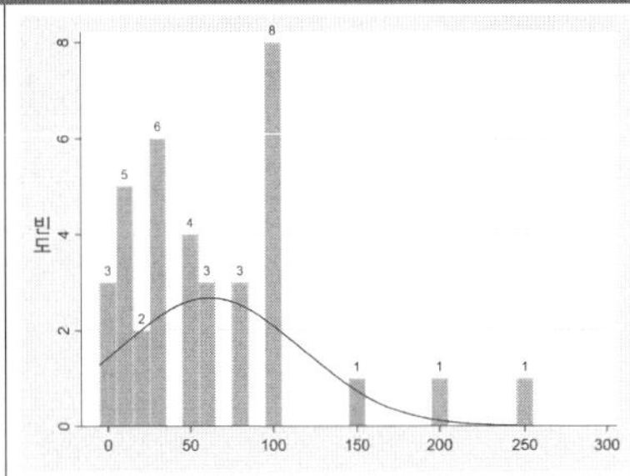

- 평균: 96.8
- 중윗값: 50
- 응답 수: 39

| 부록 그림 2.2 | 국민청원입법 2차 델파이 결과

2025년 예측치 분포(단위: 건)

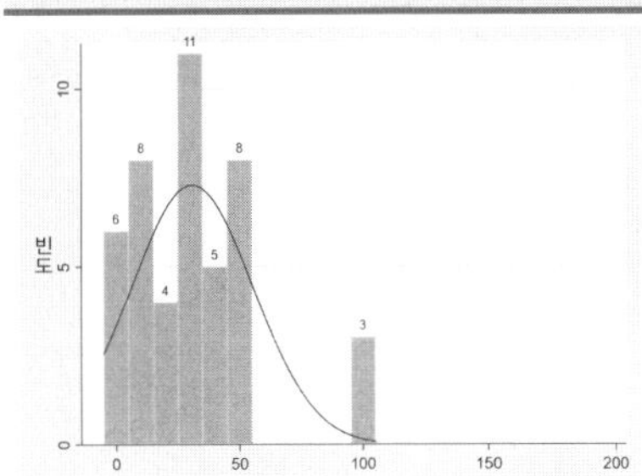

- 평균: 30.8
- 중윗값: 30
- 응답 수: 45

2030년 예측치 분포(단위: 건)

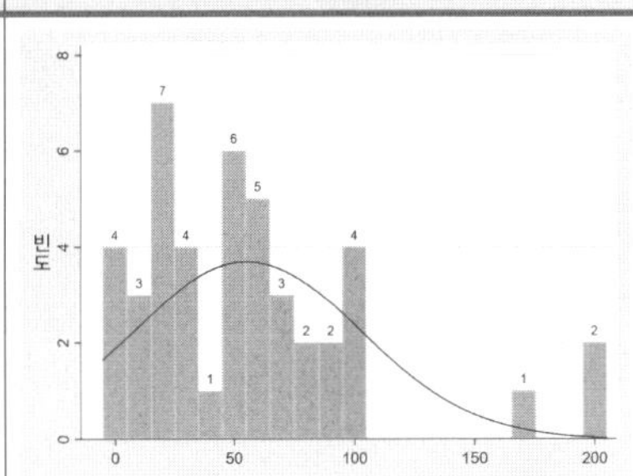

- 평균: 65.2
- 중윗값: 50
- 응답 수: 45

| 부록 그림 2.3 | 국민제안 건수 1차 델파이 결과

2025년 예측치 분포(단위: 만 건)	2030년 예측치 분포(단위: 만 건)
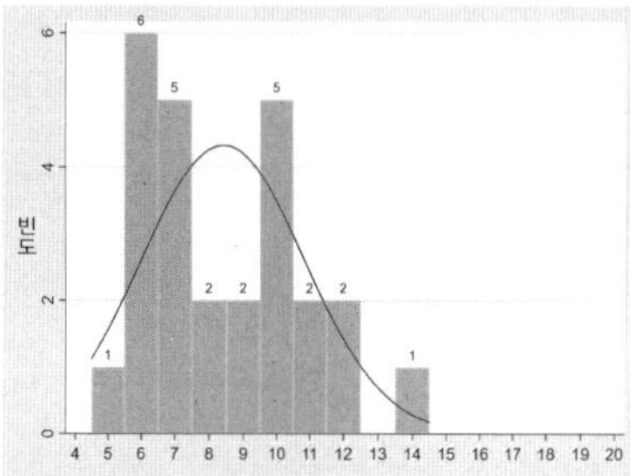	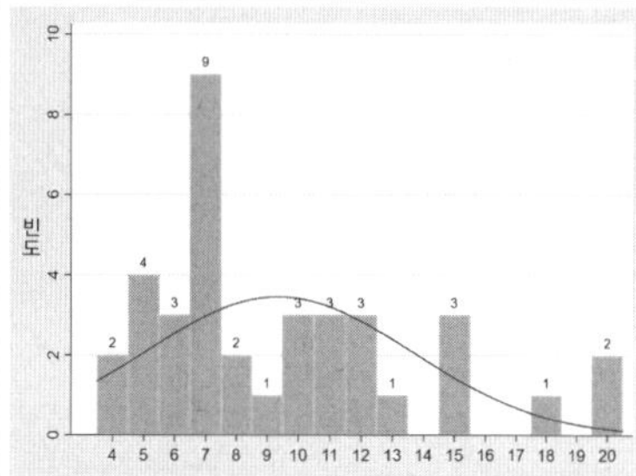
• 평균: 8.4 • 중윗값: 8.1 • 응답 수: 26	• 평균: 9.3 • 중윗값: 7.7 • 응답 수: 37

| 부록 그림 2.4 | 국민제안 건수 2차 델파이 결과

2025년 예측치 분포(단위: 만 건)	2030년 예측치 분포(단위: 만 건)
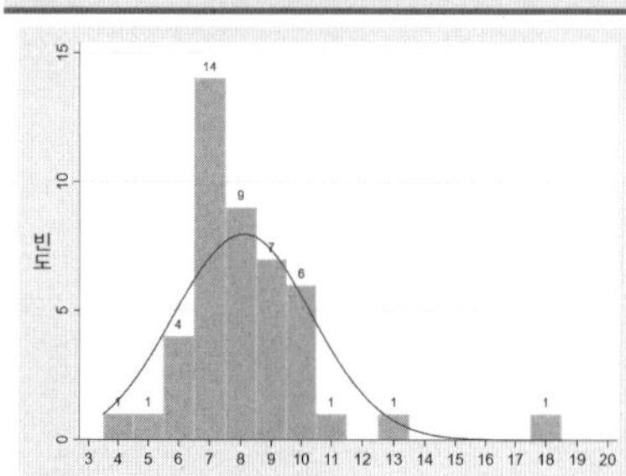	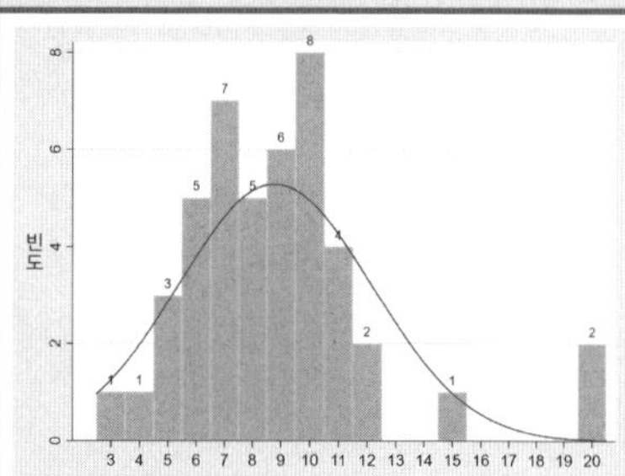
• 평균: 8.1 • 중윗값: 8.0 • 응답 수: 45	• 평균: 8.8 • 중윗값: 8.5 • 응답 수: 45

제3장 중앙-지방 정부 간 관계

| 부록 그림 3.1 | 중앙–지방 간 인사교류 1차 델파이 결과

2025년 예측치 분포(단위: 건)	2030년 예측치 분포(단위: 건)
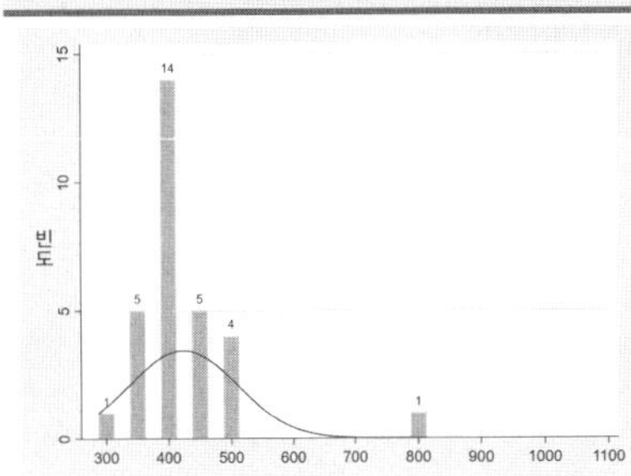	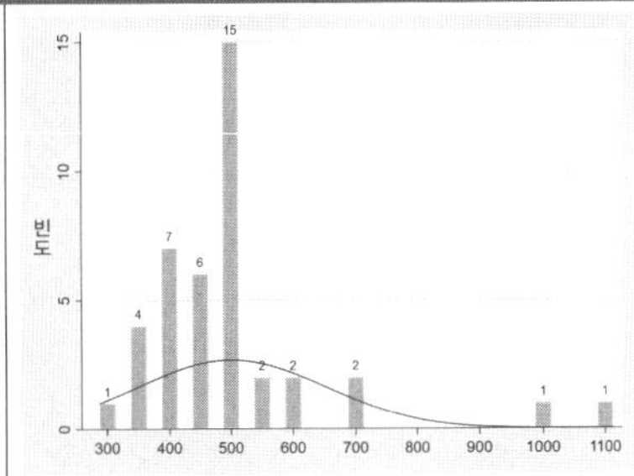
• 평균: 423.3 • 중윗값: 400 • 응답 수: 30	• 평균: 500 • 중윗값: 500 • 응답 수: 41

| 부록 그림 3.2 | 중앙–지방 간 인사교류 2차 델파이 결과

2025년 예측치 분포(단위: 건)	2030년 예측치 분포(단위: 건)
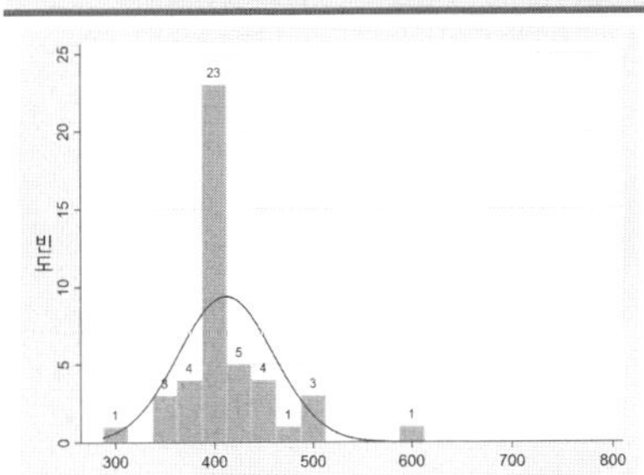	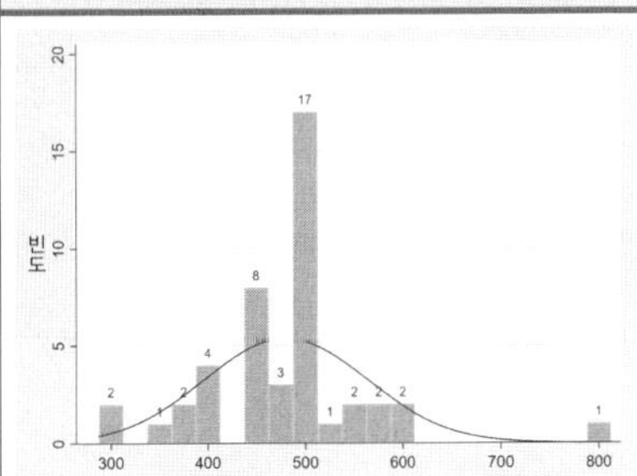
• 평균: 412.0 • 중윗값: 400 • 응답 수: 45	• 평균: 479.8 • 중윗값: 500 • 응답 수: 45

❙ 부록 그림 3.3 ❙ 국세 비중 1차 델파이 결과

<table>
<tr><th>2025년 예측치 분포(단위: %)</th><th>2030년 예측치 분포(단위: %)</th></tr>
<tr><td>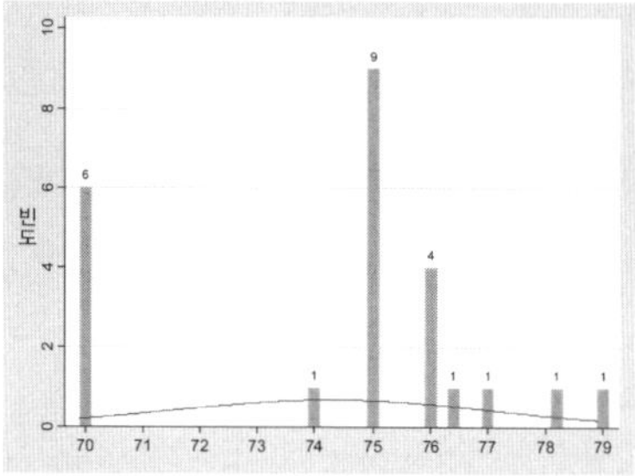</td><td>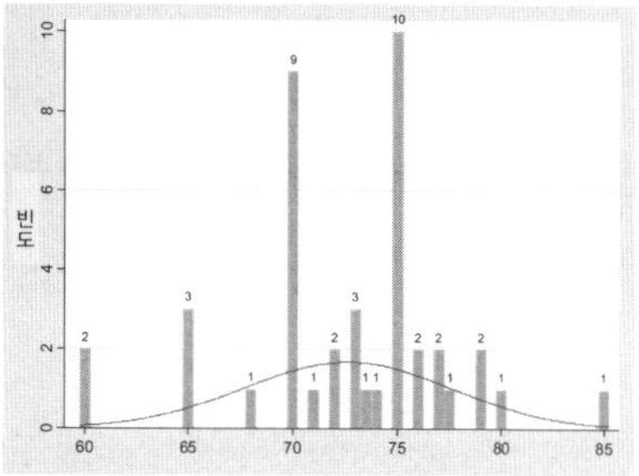</td></tr>
<tr><td>• 평균: 74.3
• 중윗값: 75
• 응답 수: 24</td><td>• 평균: 72.7
• 중윗값: 73.25
• 응답 수: 42</td></tr>
</table>

❙ 부록 그림 3.4 ❙ 국세 비중 2차 델파이 결과

<table>
<tr><th>2025년 예측치 분포(단위: %)</th><th>2030년 예측치 분포(단위: %)</th></tr>
<tr><td>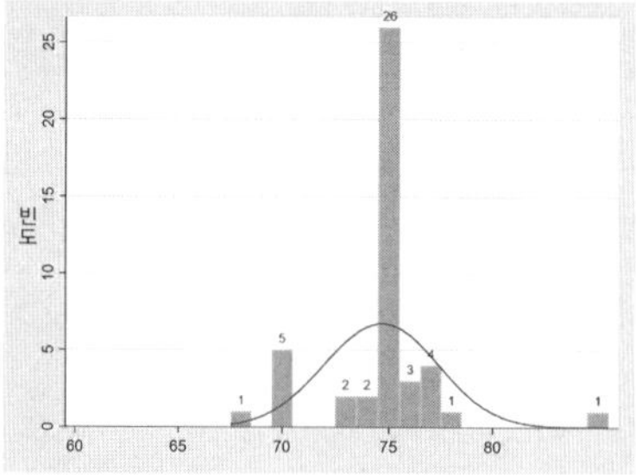</td><td>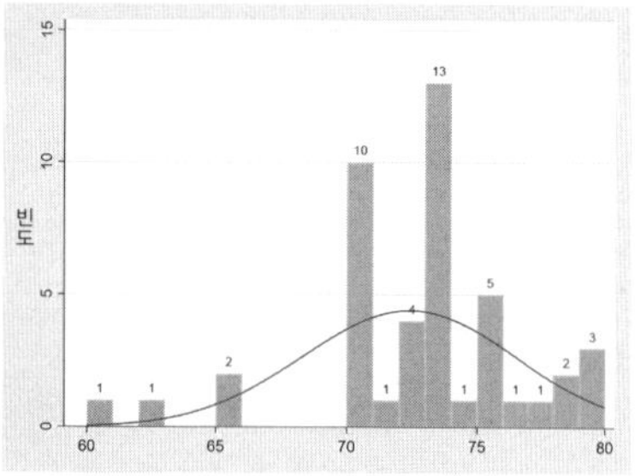</td></tr>
<tr><td>• 평균: 74.7
• 중윗값: 75
• 응답 수: 45</td><td>• 평균: 72.4
• 중윗값: 73
• 응답 수: 45</td></tr>
</table>

| 부록 그림 3.5 | 총지출 중 중앙정부 지출 비율 1차 델파이 결과

2025년 예측치 분포(단위: %)

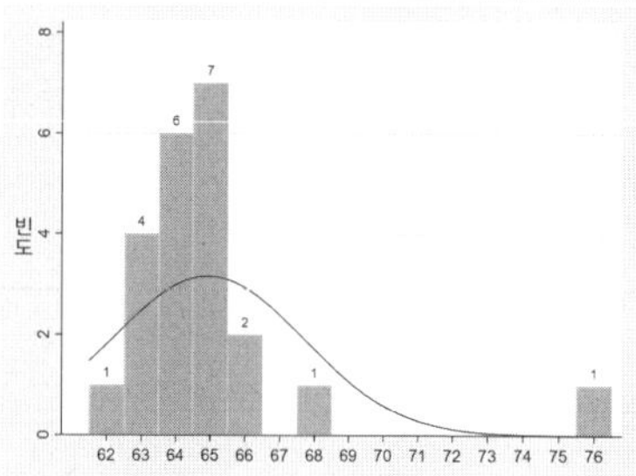

- 평균: 64.9
- 중윗값: 64.25
- 응답 수: 22

2030년 예측치 분포(단위: %)

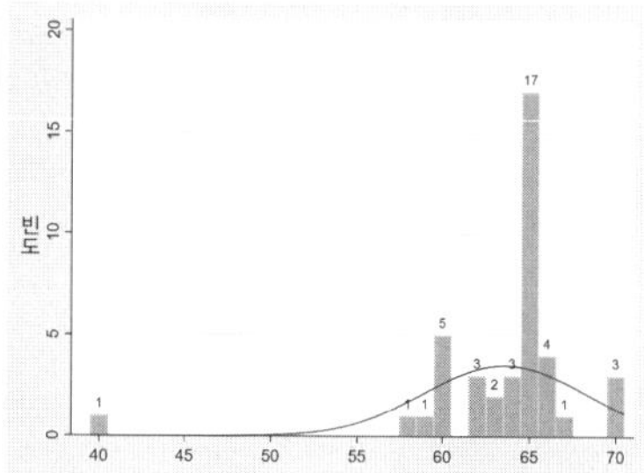

- 평균: 63.6
- 중윗값: 65
- 응답 수: 41

| 부록 그림 3.6 | 총지출 중 중앙정부 지출 비율 2차 델파이 결과

2025년 예측치 분포(단위: %)

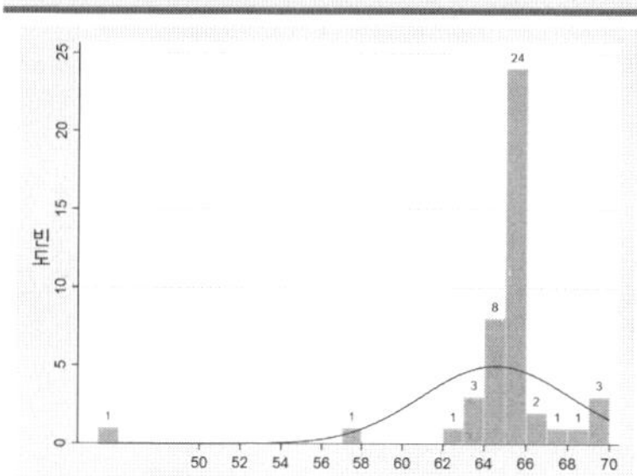

- 평균: 64.5
- 중윗값: 65
- 응답 수: 45

2030년 예측치 분포(단위: %)

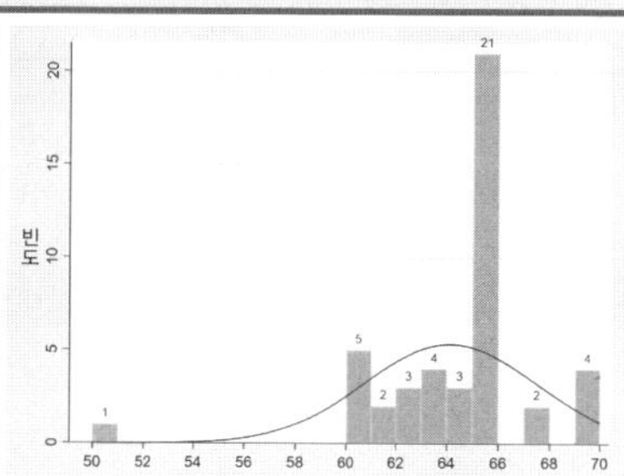

- 평균: 64.1
- 중윗값: 65
- 응답 수: 45

제4장 정부의 크기와 역할

| 부록 그림 4.1 | 중앙행정기관 보조기관 수 1차 델파이 결과

2025년 예측치 분포(단위: 개)

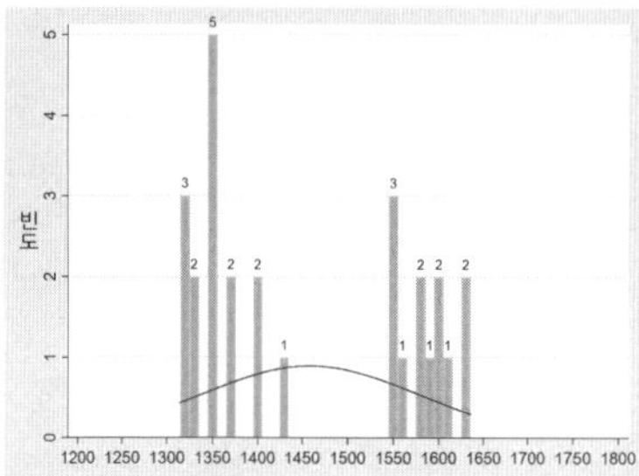

- 평균: 1373.2
- 중윗값: 1350
- 응답 수: 16

2030년 예측치 분포(단위: 개)

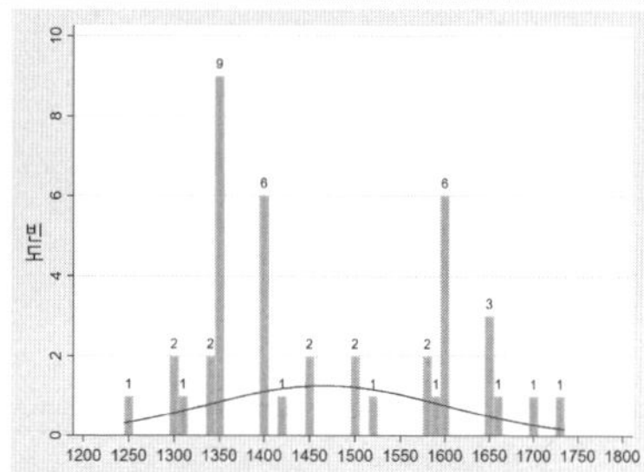

- 평균: 1404.5
- 중윗값: 1375
- 응답 수: 28

| 부록 그림 4.2 | 중앙행정기관 보조기관 수 2차 델파이 결과

2025년 예측치 분포(단위: 개)

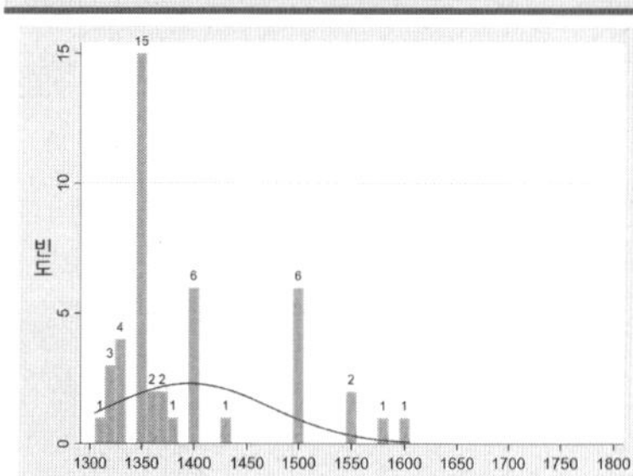

- 평균: 1395.2
- 중윗값: 1350
- 응답 수: 45

2030년 예측치 분포(단위: 개)

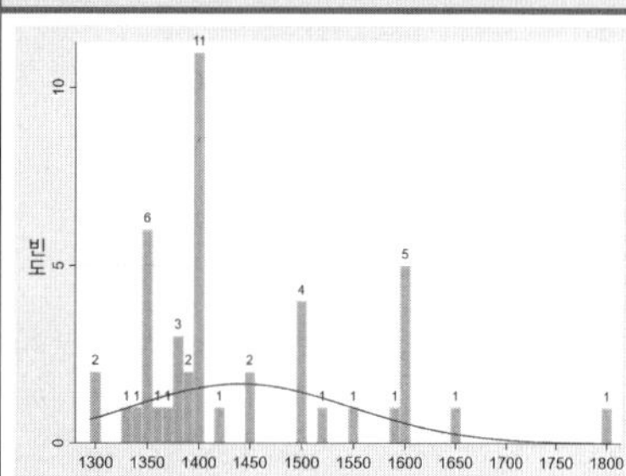

- 평균: 1440.8
- 중윗값: 1400
- 응답 수: 45

❙ 부록 그림 4.3 ❙ 행정부 소속 국가공무원 수 1차 델파이 결과

<table>
<tr><th>2025년 예측치 분포(단위: 만 명)</th><th>2030년 예측치 분포(단위: 만 명)</th></tr>
<tr><td>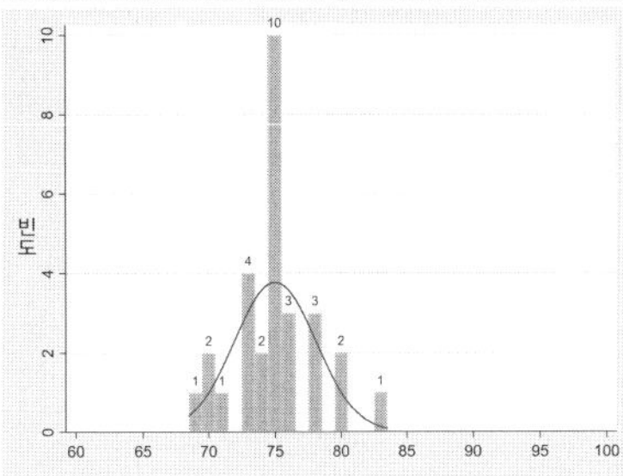</td><td>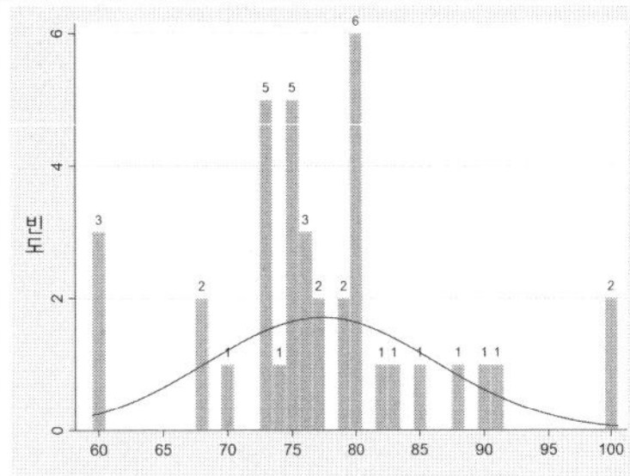</td></tr>
<tr><td>• 평균: 75
• 중윗값: 75
• 응답 수: 29</td><td>• 평균: 77.3
• 중윗값: 76
• 응답 수: 38</td></tr>
</table>

❙ 부록 그림 4.4 ❙ 행정부 소속 국가공무원 수 2차 델파이 결과

<table>
<tr><th>2025년 예측치 분포(단위: 만 명)</th><th>2030년 예측치 분포(단위: 만 명)</th></tr>
<tr><td>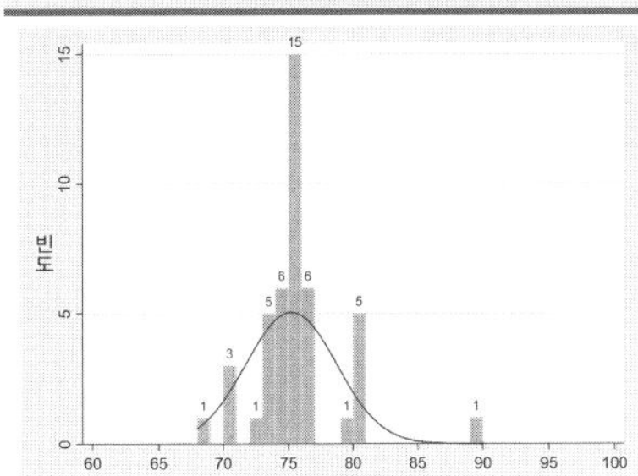</td><td>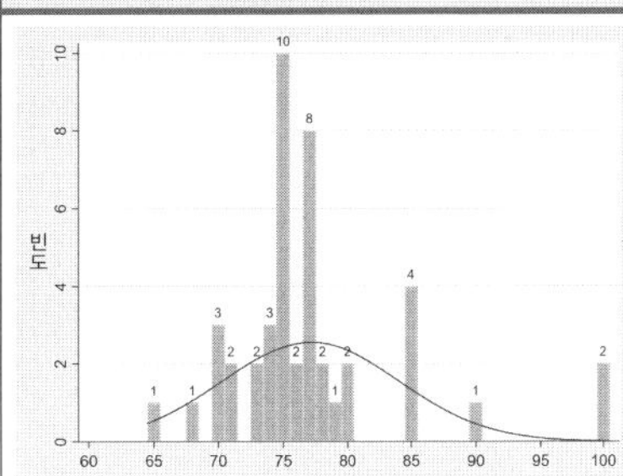</td></tr>
<tr><td>• 평균: 75.2
• 중윗값: 75
• 응답 수: 44</td><td>• 평균: 77.2
• 중윗값: 75.5
• 응답 수: 44</td></tr>
</table>

| 부록 그림 4.5 | 교육공무원 수 1차 델파이 결과

2025년 예측치 분포(단위: 만 명)

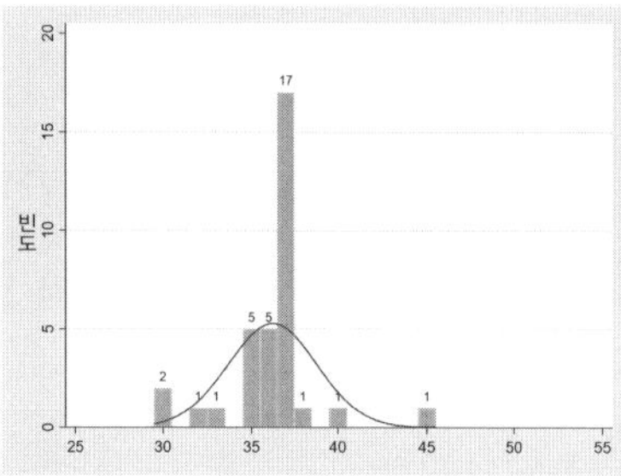

- 평균: 36.2
- 중윗값: 37
- 응답 수: 34

2030년 예측치 분포(단위: 만 명)

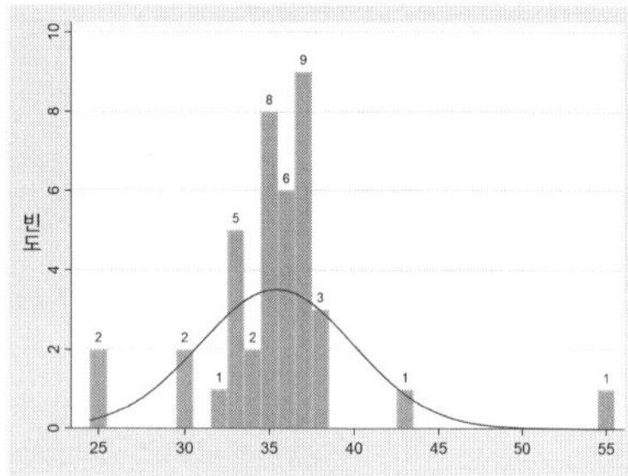

- 평균: 35.4
- 중윗값: 35.5
- 응답 수: 40

| 부록 그림 4.6 | 교육공무원 수 2차 델파이 결과

2025년 예측치 분포(단위: 만 명)

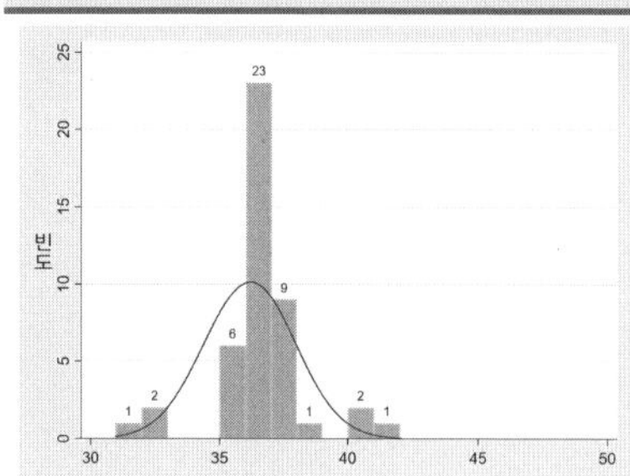

- 평균: 36.2
- 중윗값: 36
- 응답 수: 45

2030년 예측치 분포(단위: 만 명)

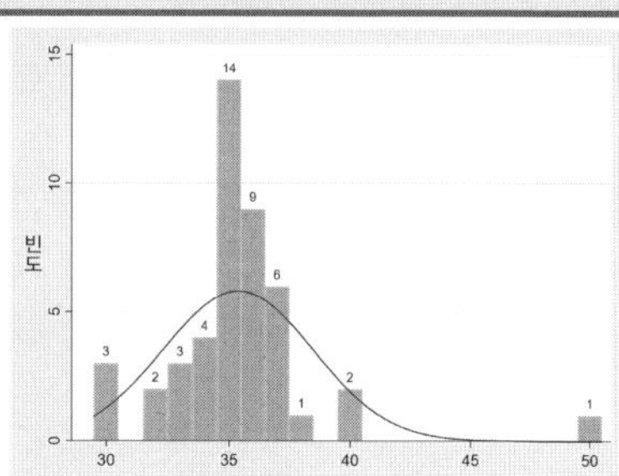

- 평균: 35.4
- 중윗값: 35
- 응답 수: 45

제5장 정부의 우수인력 확보 노력

| 부록 그림 5.1 | 행정부 소속 국가공무원 신규채용 중 경채 비율 1차 델파이 결과

2025년 예측치 분포(단위: %)	2030년 예측치 분포(단위: %)
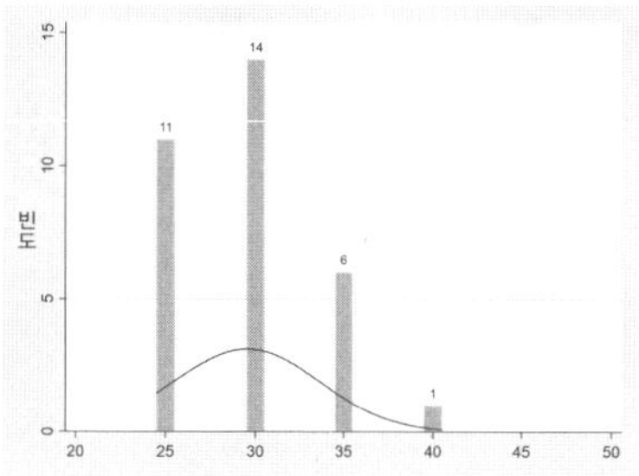	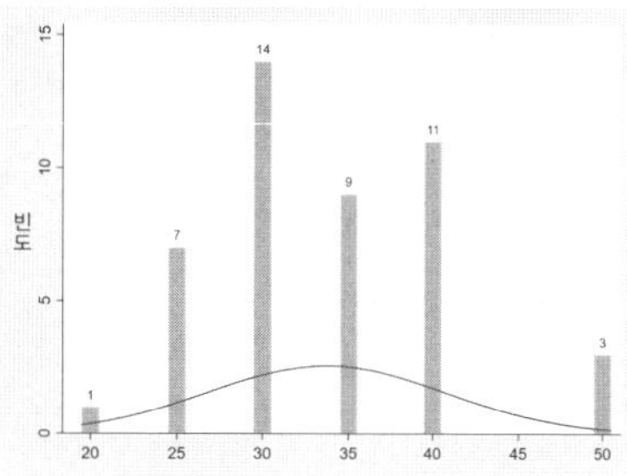
• 평균: 29.5 • 중윗값: 30 • 응답 수: 32	• 평균: 33.8 • 중윗값: 35 • 응답 수: 45

| 부록 그림 5.2 | 행정부 소속 국가공무원 신규채용 중 경채 비율 2차 델파이 결과

2025년 예측치 분포(단위: %)	2030년 예측치 분포(단위: %)
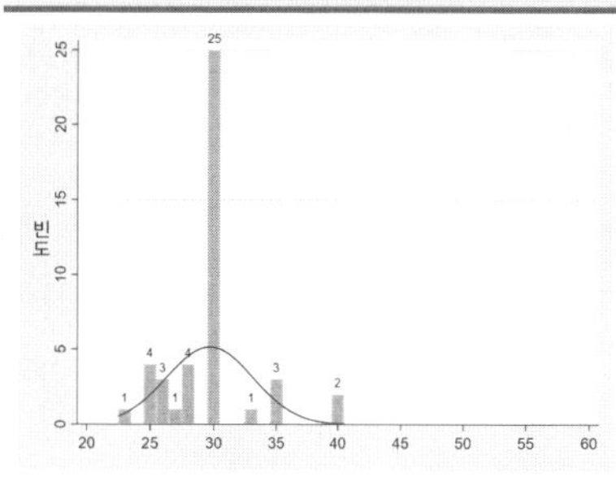	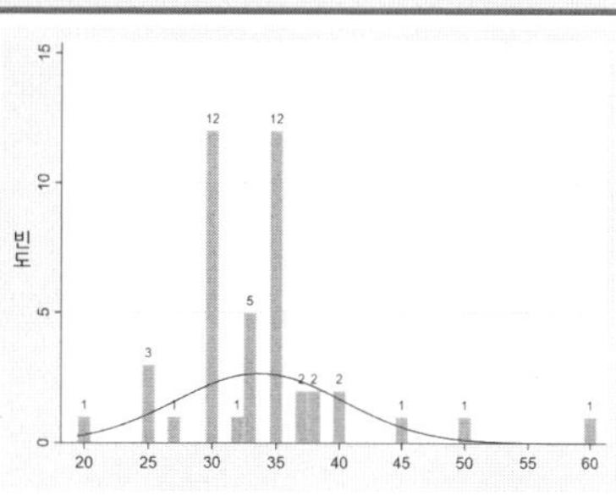
• 평균: 29.7 • 중윗값: 30 • 응답 수: 44	• 평균: 33.7 • 중윗값: 33 • 응답 수: 44

| 부록 그림 5.3 | 개방형 직위 민간인임용수 1차 델파이 결과

2025년 예측치 분포(단위: 명)	2030년 예측치 분포(단위: 명)
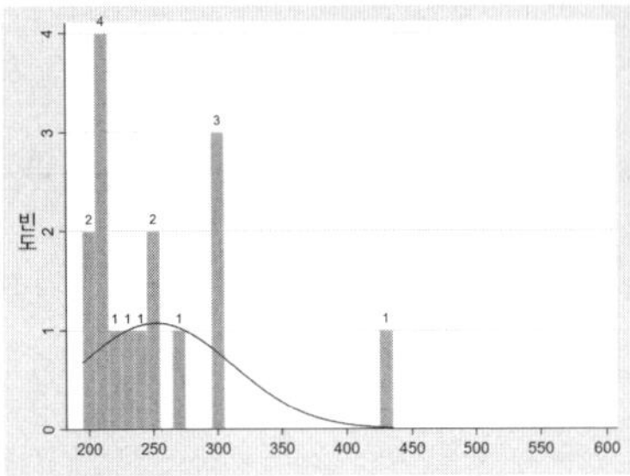	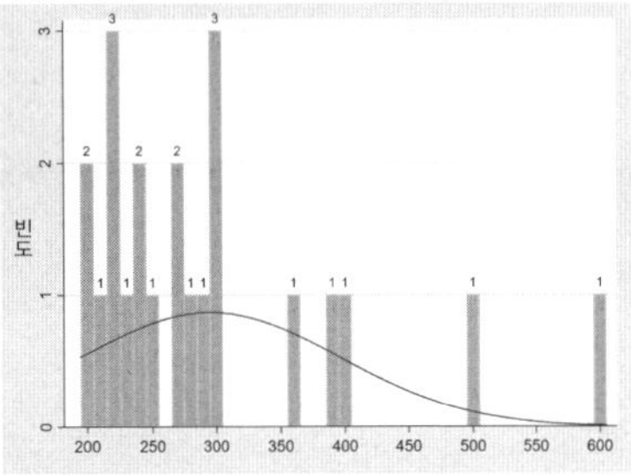
• 평균: 251.9 • 중윗값: 235 • 응답 수: 16	• 평균: 295 • 중윗값: 270 • 응답 수: 22

| 부록 그림 5.4 | 개방형 직위 민간인임용수 2차 델파이 결과

2025년 예측치 분포(단위: 명)	2030년 예측치 분포(단위: 명)
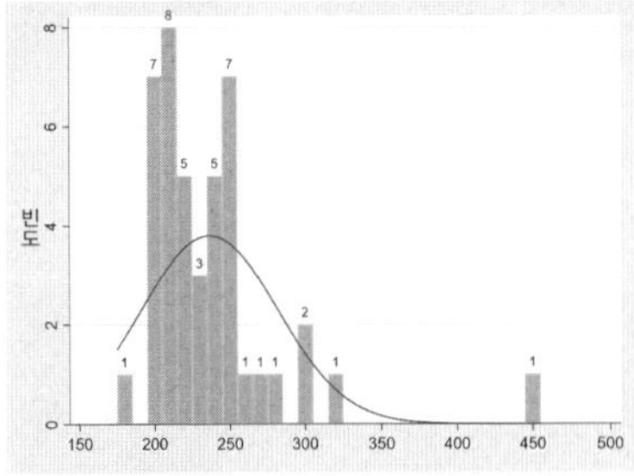	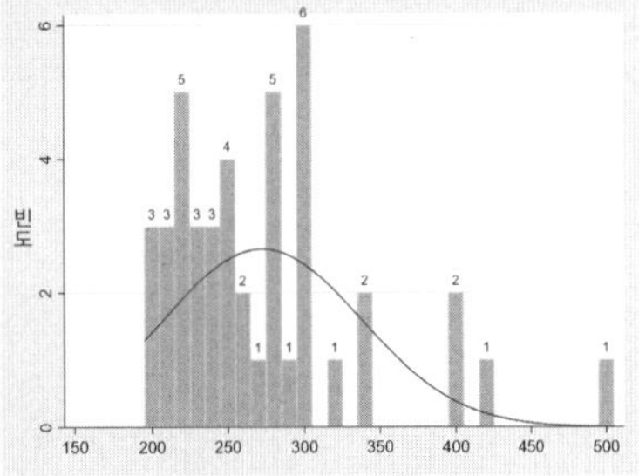
• 평균: 236.5 • 중윗값: 230 • 응답 수: 43	• 평균: 272.6 • 중윗값: 260 • 응답 수: 43

| 부록 그림 5.5 | 개방형 직위 민간인임용률 1차 델파이 결과

2025년 예측치 분포(단위: %)	2030년 예측치 분포(단위: %)
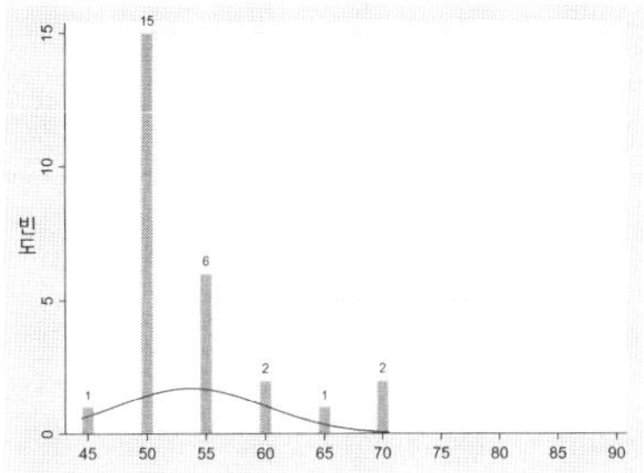	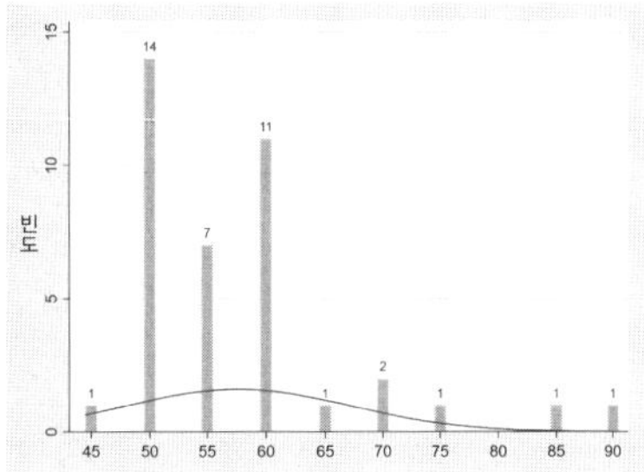
• 평균: 53.7 • 중윗값: 50 • 응답 수: 27	• 평균: 57.6 • 중윗값: 55 • 응답 수: 39

| 부록 그림 5.6 | 개방형 직위 민간인임용률 2차 델파이 결과

2025년 예측치 분포(단위: %)	2030년 예측치 분포(단위: %)
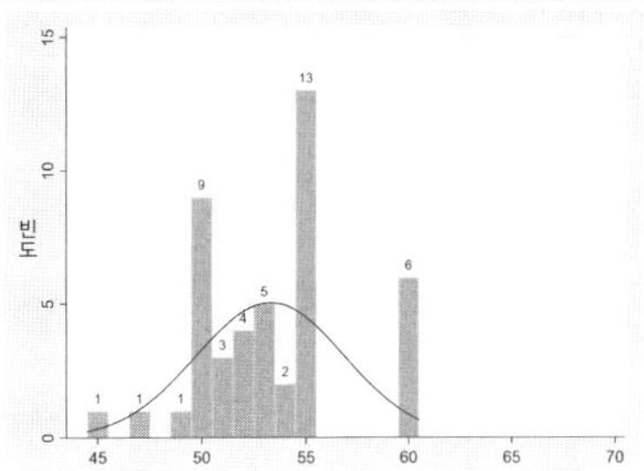	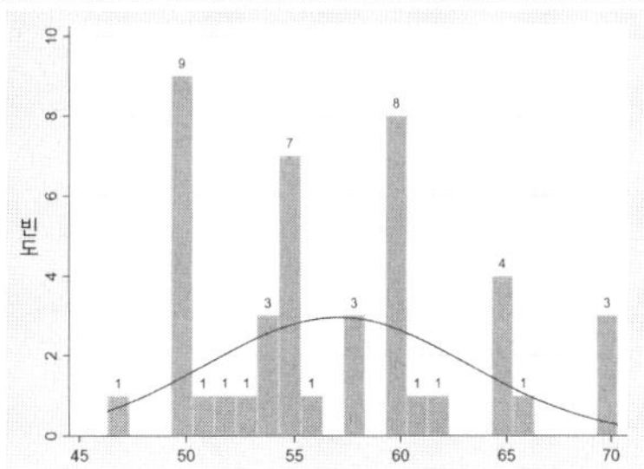
• 평균: 53.3 • 중윗값: 53 • 응답 수: 45	• 평균: 57.1 • 중윗값: 55 • 응답 수: 45

| 부록 그림 5.7 | 민간 대비 공무원 보수수준 1차 델파이 결과

<table>
<tr><th>2025년 예측치 분포(단위: %)</th><th>2030년 예측치 분포(단위: %)</th></tr>
<tr><td>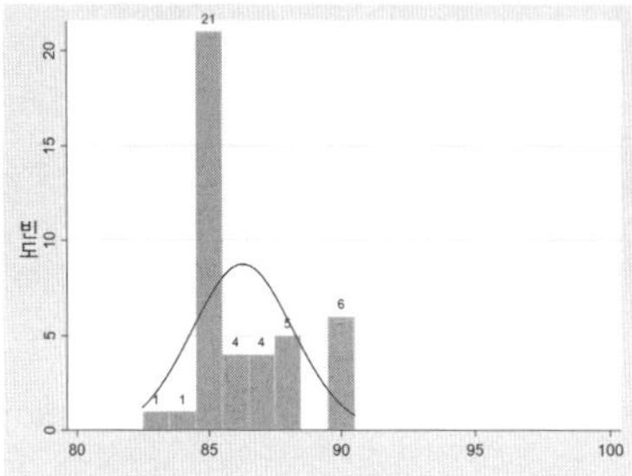
</td><td>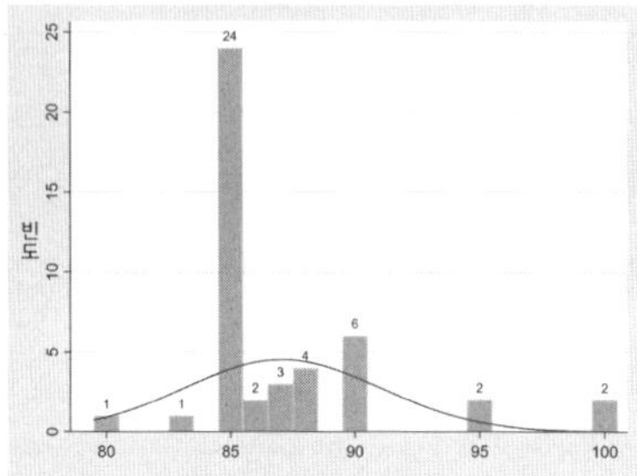
</td></tr>
<tr><td>• 평균: 86.3
• 중윗값: 85
• 응답 수: 42</td><td>• 평균: 87.1
• 중윗값: 85
• 응답 수: 45</td></tr>
</table>

| 부록 그림 5.8 | 민간 대비 공무원 보수수준 2차 델파이 결과

<table>
<tr><th>2025년 예측치 분포(단위: %)</th><th>2030년 예측치 분포(단위: %)</th></tr>
<tr><td>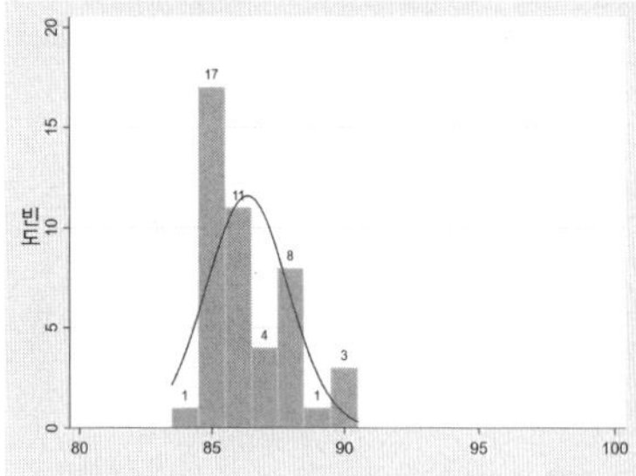
</td><td>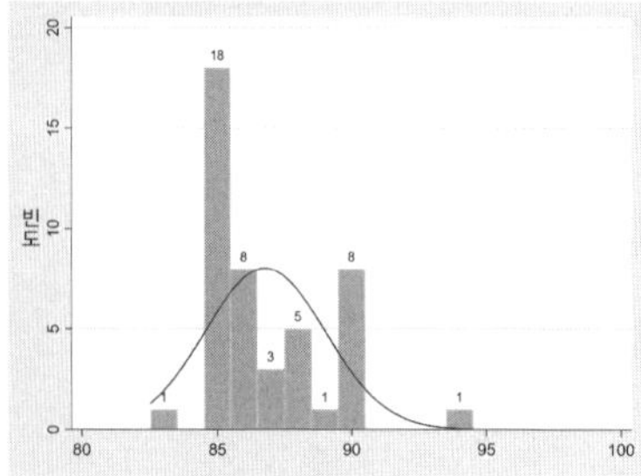
</td></tr>
<tr><td>• 평균: 86.3
• 중윗값: 86
• 응답 수: 45</td><td>• 평균: 86.8
• 중윗값: 86
• 응답 수: 45</td></tr>
</table>

제6장 정부의 인적 다양성 확보

| 부록 그림 6.1 | 고위공무원단 중 여성 수 1차 델파이 결과

2025년 예측치 분포(단위: 명)

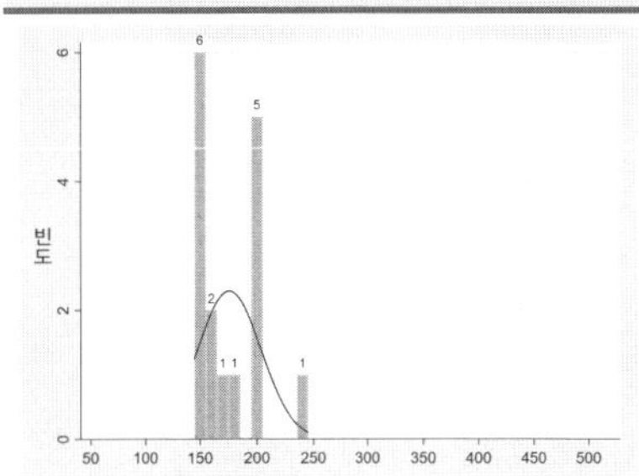

- 평균: 175.6
- 중윗값:165
- 응답 수: 16

2030년 예측치 분포(단위: 명)

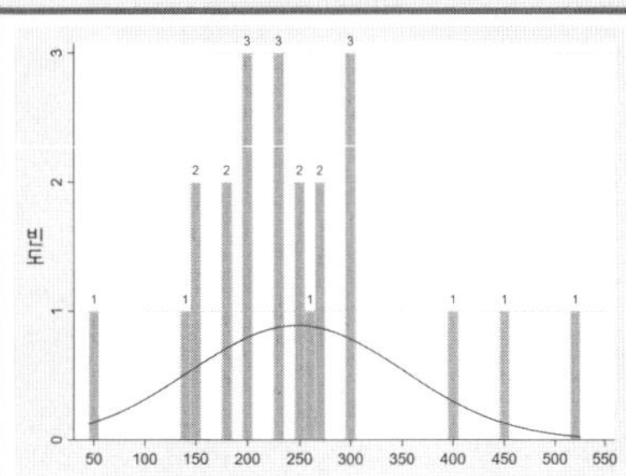

- 평균: 248.3
- 중윗값: 230
- 응답 수: 23

| 부록 그림 6.2 | 고위공무원단 중 여성 수 2차 델파이 결과

2025년 예측치 분포(단위: 명)

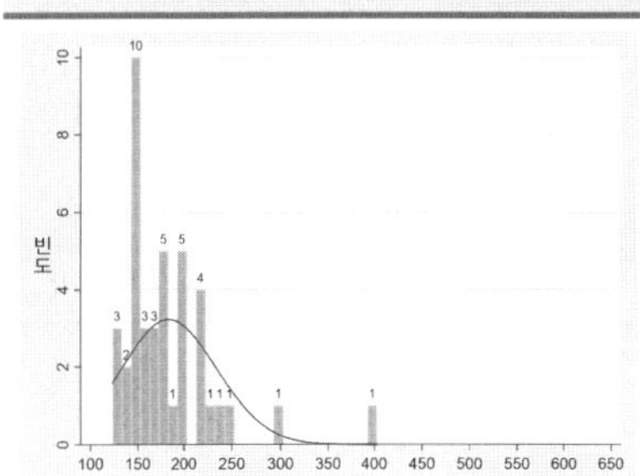

- 평균: 183.6
- 중윗값: 170
- 응답 수: 41

2030년 예측치 분포(단위: 명)

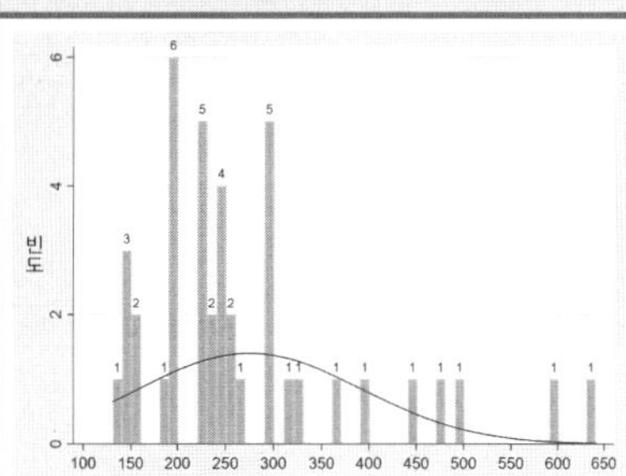

- 평균: 275.4
- 중윗값: 246
- 응답 수: 41

| 부록 그림 6.3 | 고위공무원단 중 여성 비율 1차 델파이 결과

2025년 예측치 분포(단위: %)	2030년 예측치 분포(단위: %)
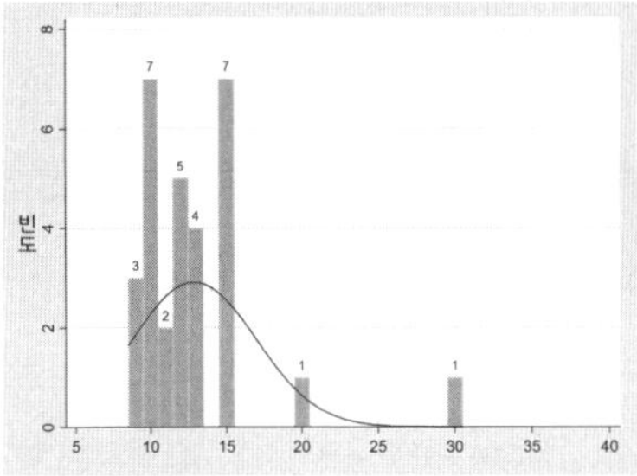	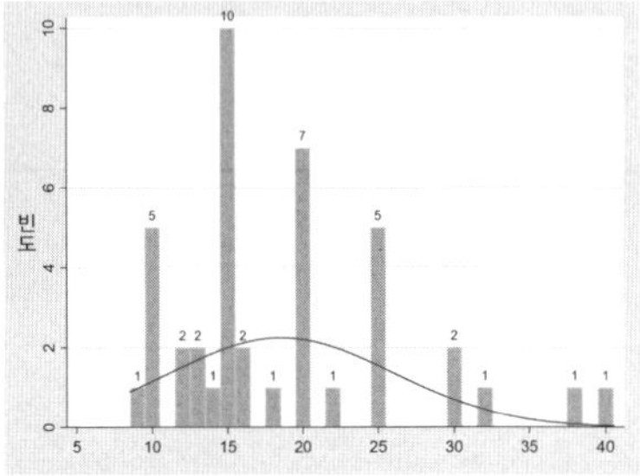
• 평균: 12.9 • 중윗값: 12 • 응답 수: 30	• 평균: 18.6 • 중윗값: 15.5 • 응답 수: 42

| 부록 그림 6.4 | 고위공무원단 중 여성 비율 2차 델파이 결과

2025년 예측치 분포(단위: %)	2030년 예측치 분포(단위: %)
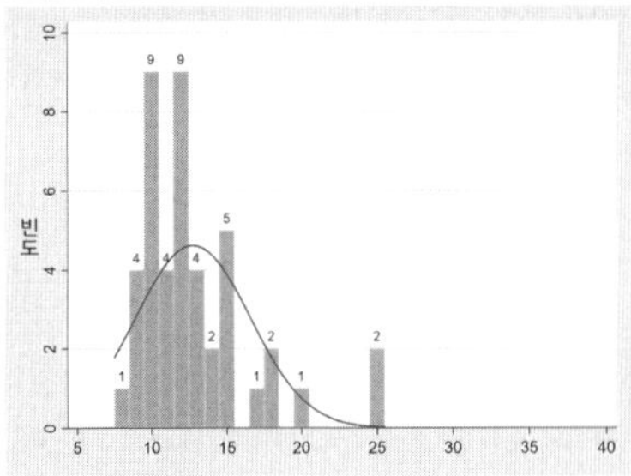	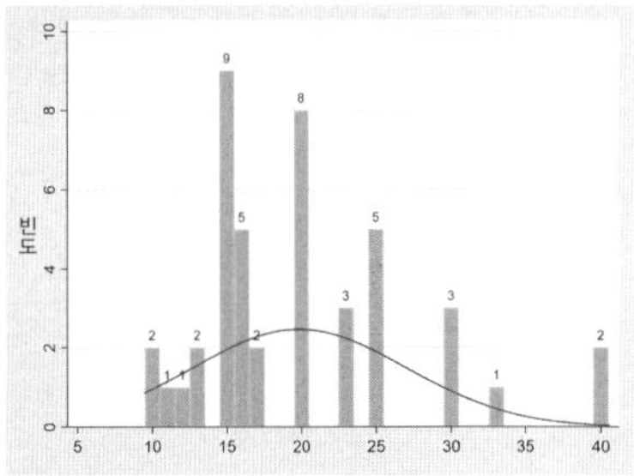
• 평균: 12.8 • 중윗값: 12 • 응답 수: 44	• 평균: 19.8 • 중윗값: 18.15 • 응답 수: 44

❙ 부록 그림 6.5 ❙ 중앙행정기관 장애인 고용률 1차 델파이 결과

2025년 예측치 분포(단위: %)	2030년 예측치 분포(단위: %)
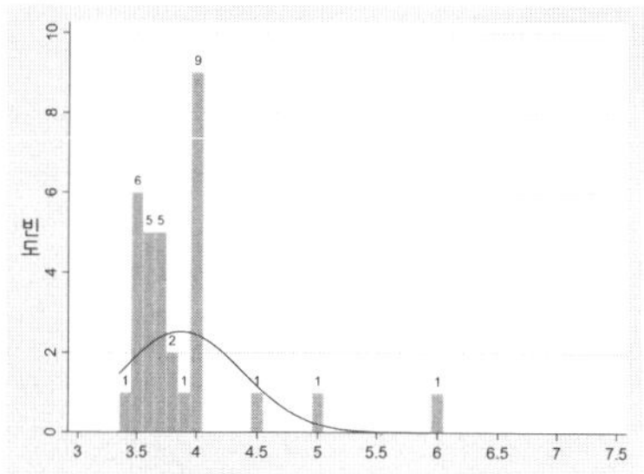	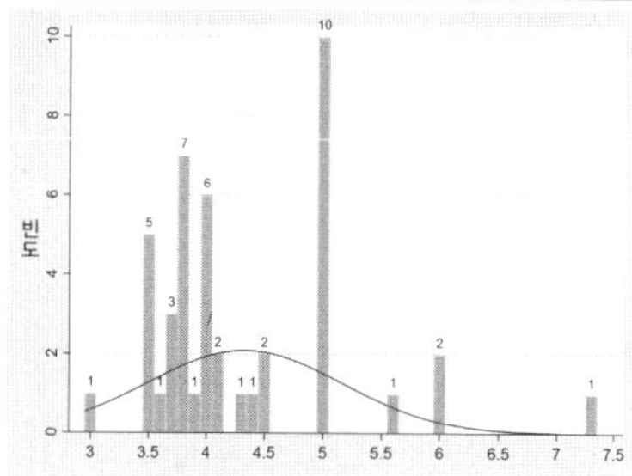
• 평균: 3.9 • 중윗값: 3.7 • 응답 수: 32	• 평균: 4.3 • 중윗값: 4.0 • 응답 수: 44

❙ 부록 그림 6.6 ❙ 중앙행정기관 장애인 고용률 2차 델파이 결과

2025년 예측치 분포(단위: %)	2030년 예측치 분포(단위: %)
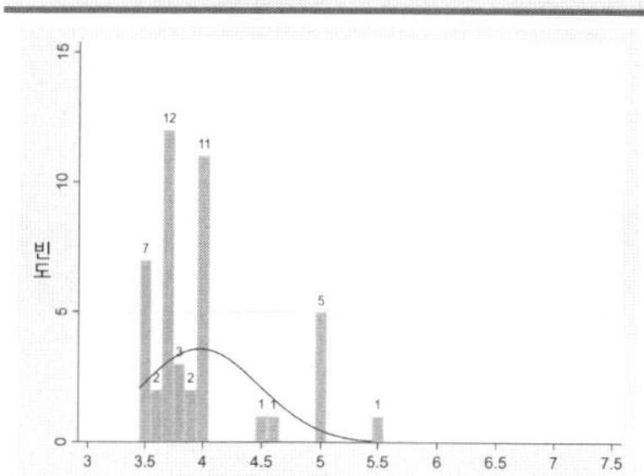	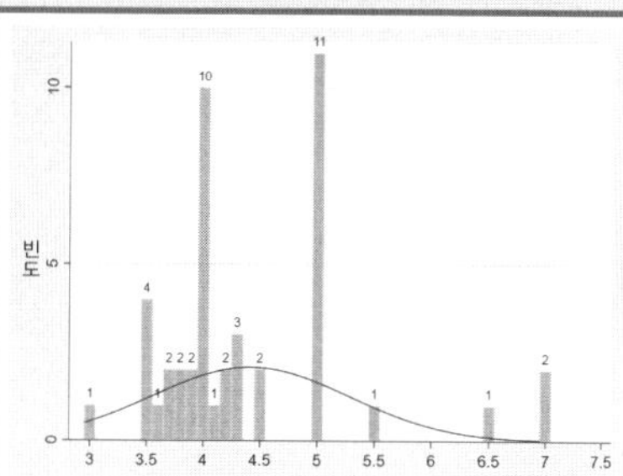
• 평균: 3.98 • 중윗값: 3.8 • 응답 수: 45	• 평균: 4.42 • 중윗값: 4.1 • 응답 수: 45

제7장 중앙정부 규모와 재정건전성

| 부록 그림 7.1 | 중앙정부 통합재정규모 1차 델파이 결과

2025년 예측치 분포(단위: 조 원)	2030년 예측치 분포(단위: 조 원)
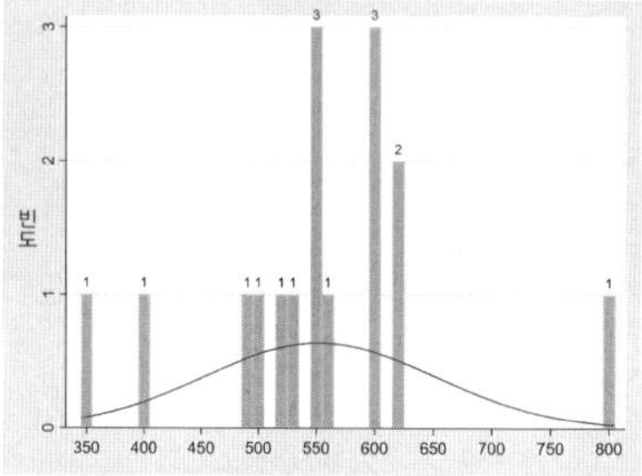	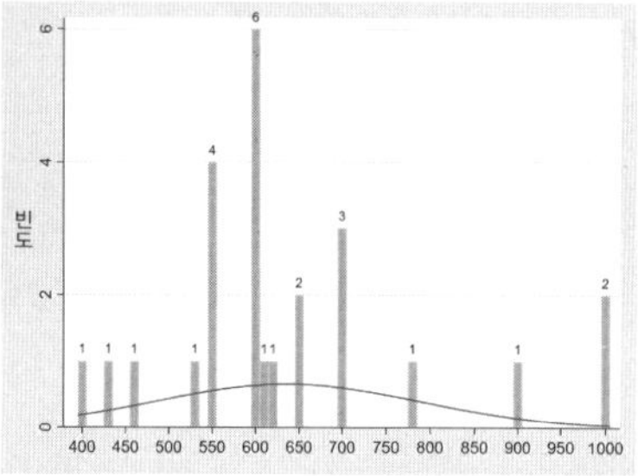
• 평균: 552.3 • 중윗값: 550 • 응답 수: 16	• 평균: 636.9 • 중윗값: 600 • 응답 수: 25

| 부록 그림 7.2 | 중앙정부 통합재정규모 2차 델파이 결과

2025년 예측치 분포(단위: 조 원)	2030년 예측치 분포(단위: 조 원)
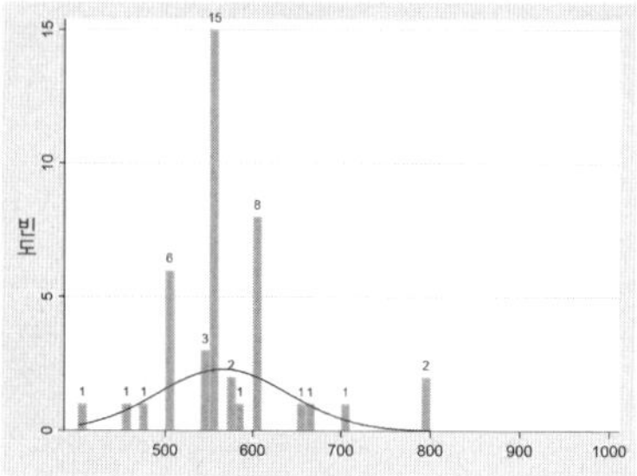	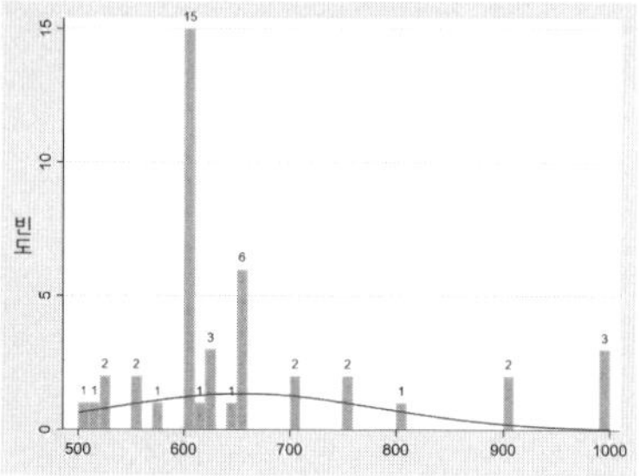
• 평균: 565.6 • 중윗값: 550 • 응답 수: 43	• 평균: 656.5 • 중윗값: 600 • 응답 수: 43

| 부록 그림 7.3 | 사회복지 재정규모 1차 델파이 결과

2025년 예측치 분포(단위: %)	2030년 예측치 분포(단위: %)
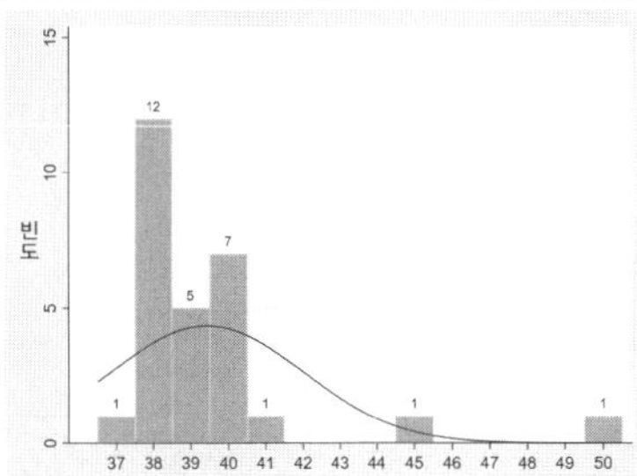	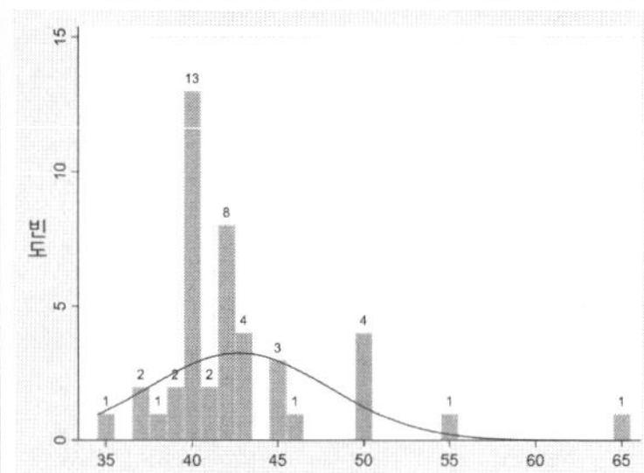
•평균: 39.4 •중윗값: 39 •응답 수: 28	•평균: 42.7 •중윗값: 42 •응답 수: 43

| 부록 그림 7.4 | 사회복지 재정규모 2차 델파이 결과

2025년 예측치 분포(단위: %)	2030년 예측치 분포(단위: %)
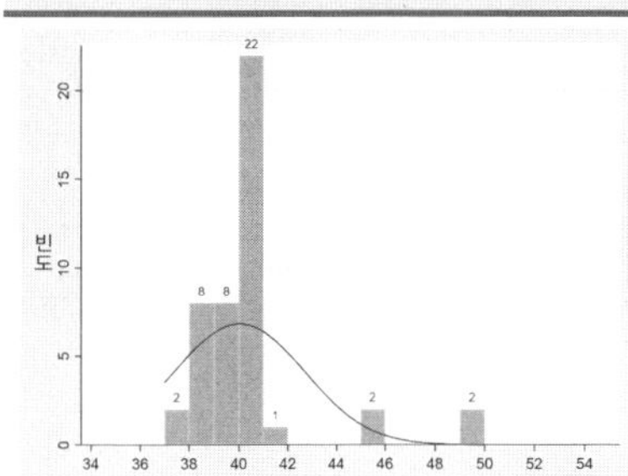	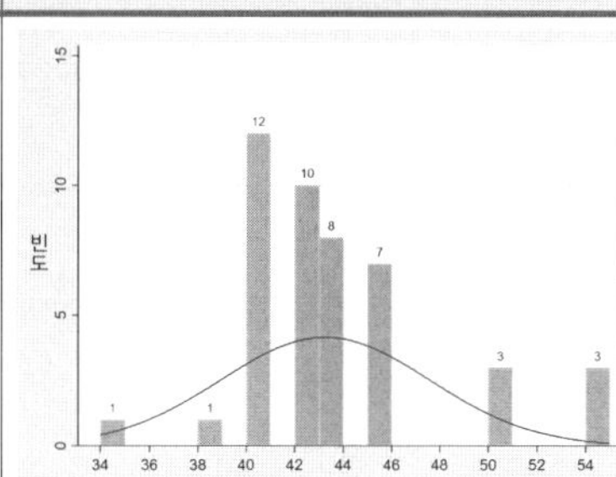
•평균: 40 •중윗값: 40 •응답 수: 45	•평균: 43.3 •중윗값: 42 •응답 수: 45

❙ 부록 그림 7.5 ❙ 중앙정부 채무규모 1차 델파이 결과

2025년 예측치 분포(단위: %)	2030년 예측치 분포(단위: %)
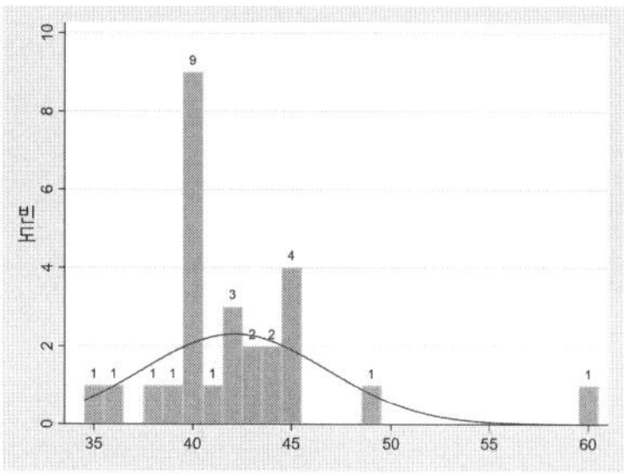	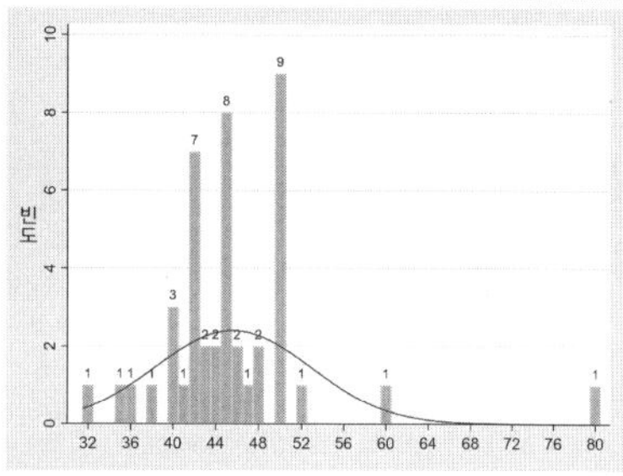
• 평균: 42.1 • 중윗값: 41 • 응답 수: 27	• 평균: 45.6 • 중윗값: 45 • 응답 수: 44

❙ 부록 그림 7.6 ❙ 중앙정부 채무규모 2차 델파이 결과

2025년 예측치 분포(단위: %)	2030년 예측치 분포(단위: %)
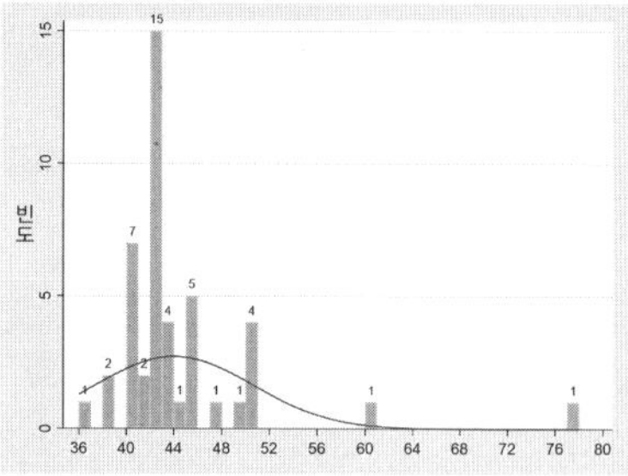	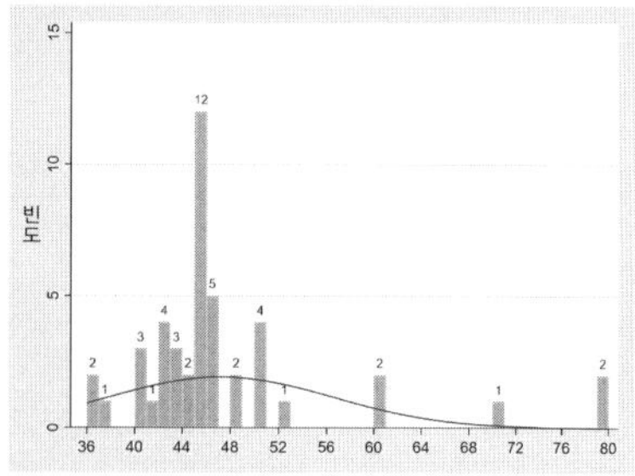
• 평균: 44 • 중윗값: 42 • 응답 수: 45	• 평균: 47.2 • 중윗값: 45 • 응답 수: 45

| 부록 그림 7.7 | 조세부담률 1차 델파이 결과

2025년 예측치 분포(단위: %)	2030년 예측치 분포(단위: %)
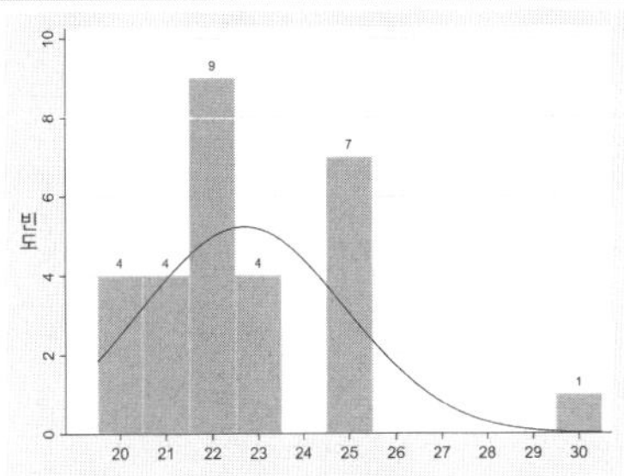	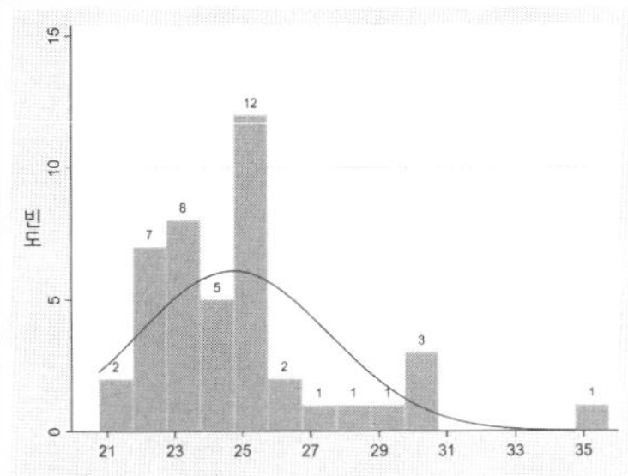
• 평균: 22.7 • 중윗값: 22 • 응답 수: 29	• 평균: 24.7 • 중윗값: 24 • 응답 수: 43

| 부록 그림 7.8 | 조세부담률 2차 델파이 결과

2025년 예측치 분포(단위: %)	2030년 예측치 분포(단위: %)
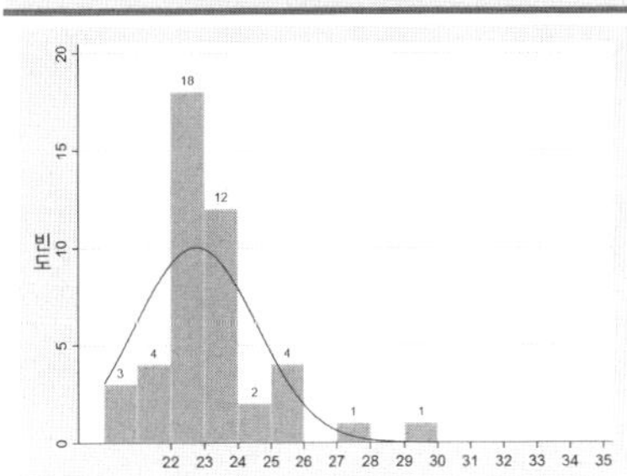	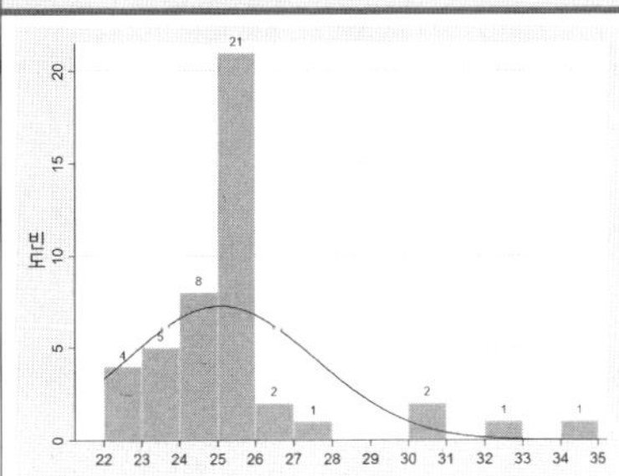
• 평균: 22.8 • 중윗값: 22.7 • 응답 수: 45	• 평균: 25.1 • 중윗값: 25 • 응답 수: 45

제8장 디지털정부의 기반 구조

부록 그림 8.1 디지털 주민등록증 1차 델파이 결과

2025년 예측치 분포(단위: %)	2030년 예측치 분포(단위: %)
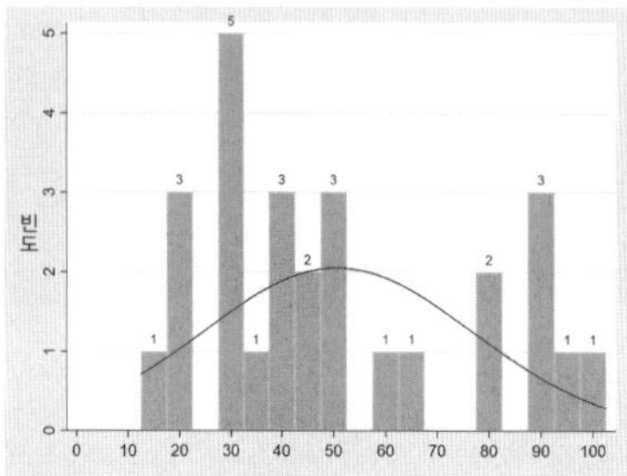	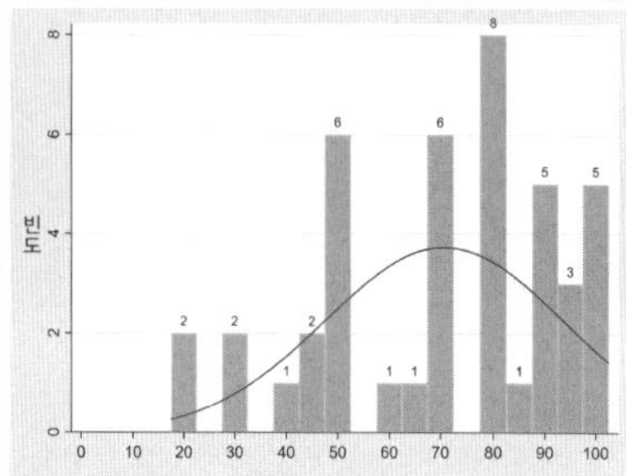
• 평균: 50.7 • 중윗값: 43 • 응답 수: 27	• 평균: 70.6 • 중윗값: 80 • 응답 수: 43

부록 그림 8.2 디지털 주민등록증 2차 델파이 결과

2025년 예측치 분포(단위: %)	2030년 예측치 분포(단위: %)
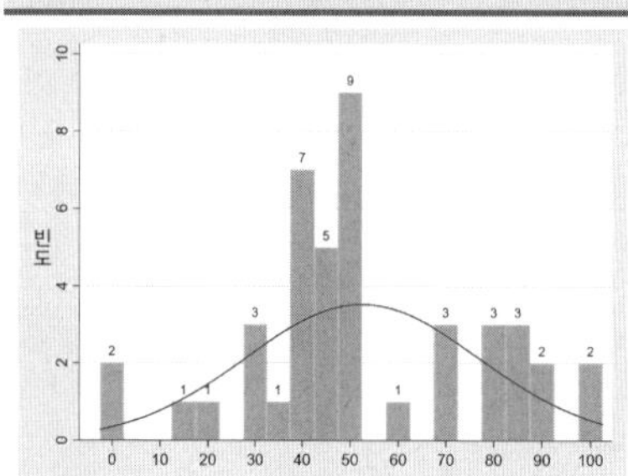	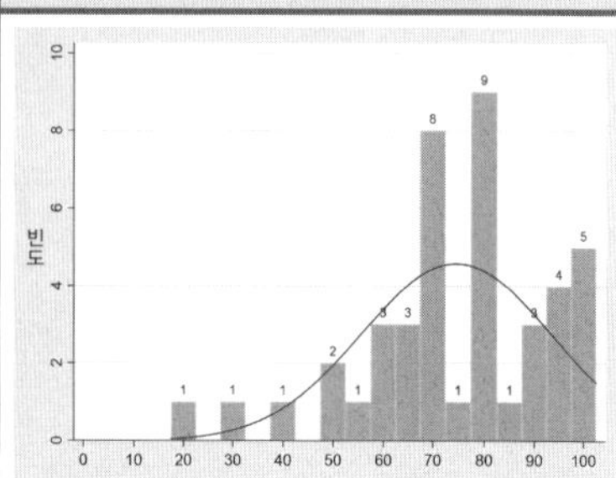
• 평균: 52.5 • 중윗값: 50 • 응답 수: 43	• 평균: 74.5 • 중윗값: 80 • 응답 수: 43

| 부록 그림 8.3 | CCTV 설치 및 활용의 변화 1차 델파이 결과

2025년 예측치 분포(단위: 대)	2030년 예측치 분포(단위: 대)
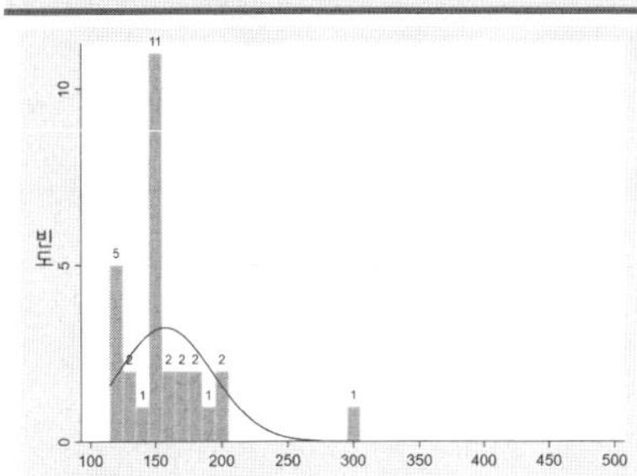	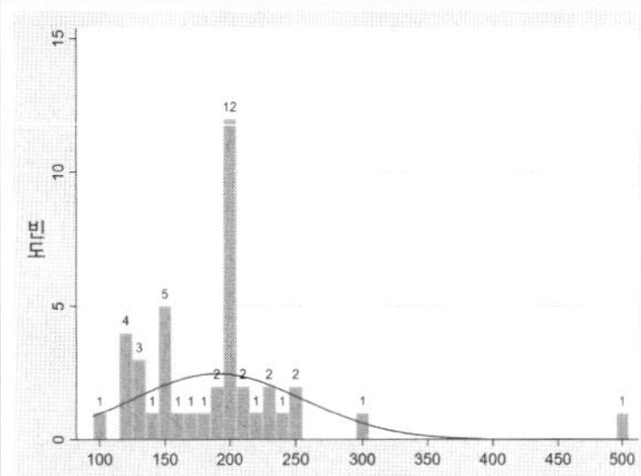
• 평균: 157.2 • 중윗값: 150 • 응답 수: 29	• 평균: 190 • 중윗값: 200 • 응답 수: 41

| 부록 그림 8.4 | CCTV 설치 및 활용의 변화 2차 델파이 결과

2025년 예측치 분포(단위: 대)	2030년 예측치 분포(단위: 대)
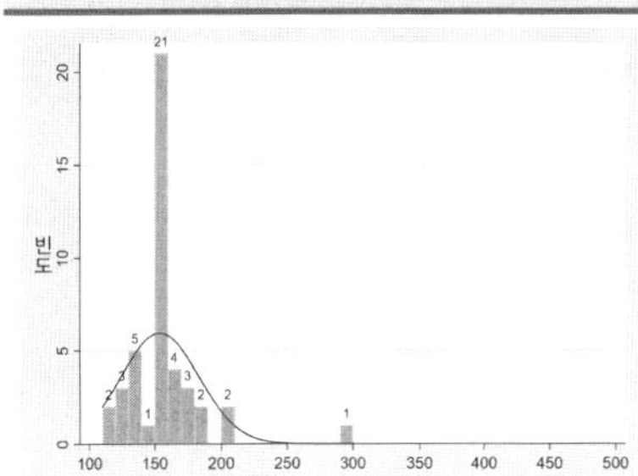	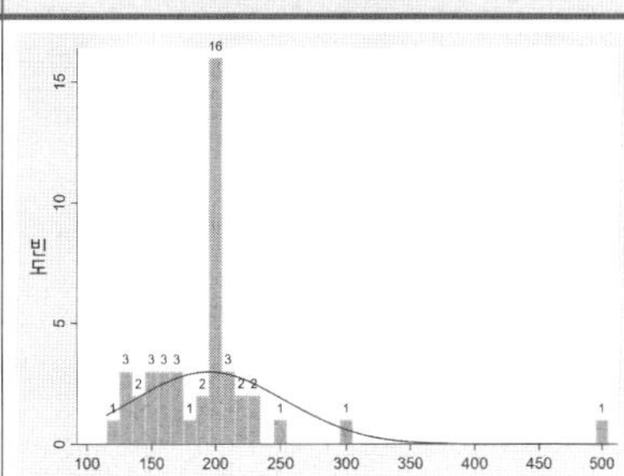
• 평균: 153.8 • 중윗값: 150 • 응답 수: 44	• 평균: 194.5 • 중윗값: 200 • 응답 수: 44

제9장 디지털정부의 업무 환경

| 부록 그림 9.1 | 스마트워크 업무 비중 1차 델파이 결과

2025년 예측치 분포(단위: %)	2030년 예측치 분포(단위: %)
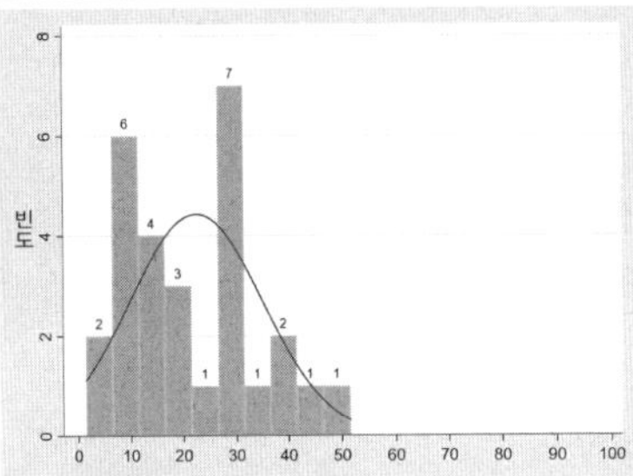	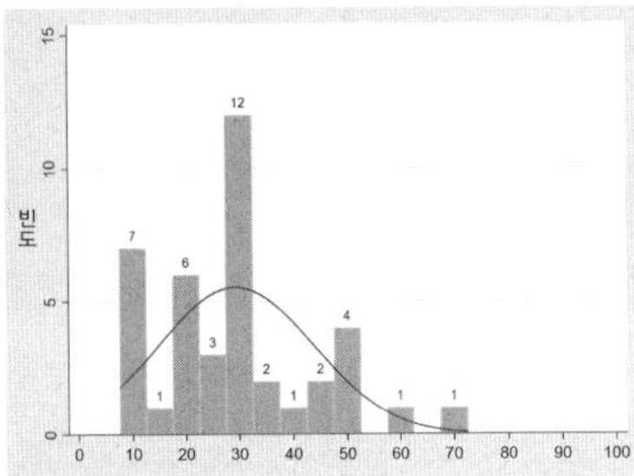
• 평균: 22.5 • 중윗값: 20 • 응답 수: 28	• 평균: 29.3 • 중윗값: 30 • 응답 수: 40

| 부록 그림 9.2 | 스마트워크 업무 비중 2차 델파이 결과

2025년 예측치 분포(단위: %)	2030년 예측치 분포(단위: %)
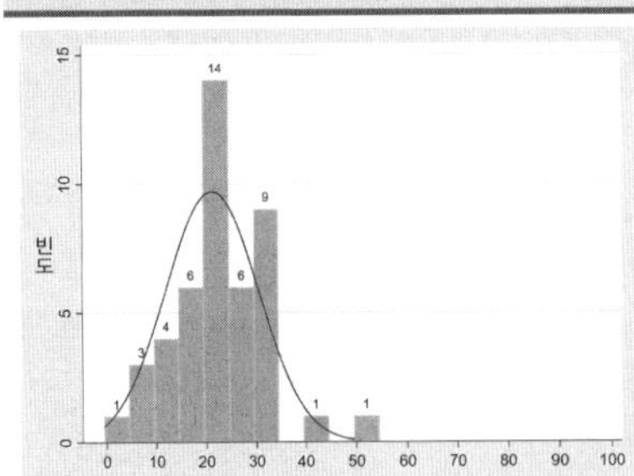	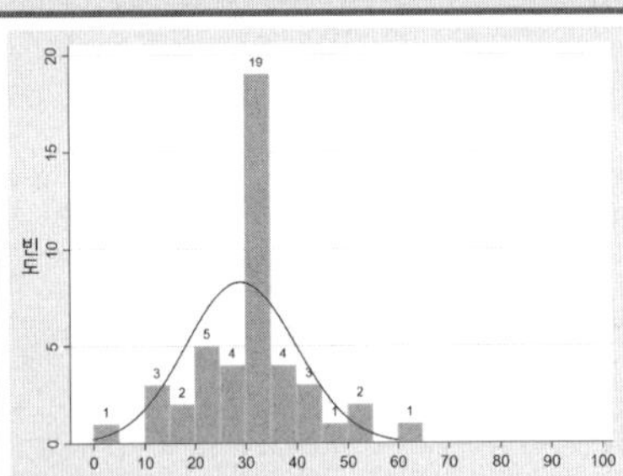
• 평균: 21.2 • 중윗값: 20 • 응답 수: 45	• 평균: 29.0 • 중윗값: 30 • 응답 수: 45

Ⅰ부록 그림 9.3Ⅰ 정보화 예산 비율 1차 델파이 결과

2025년 예측치 분포(단위: %)	2030년 예측치 분포(단위: %)
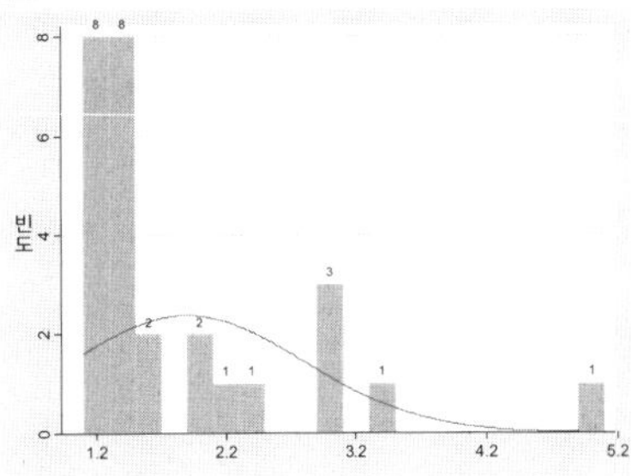	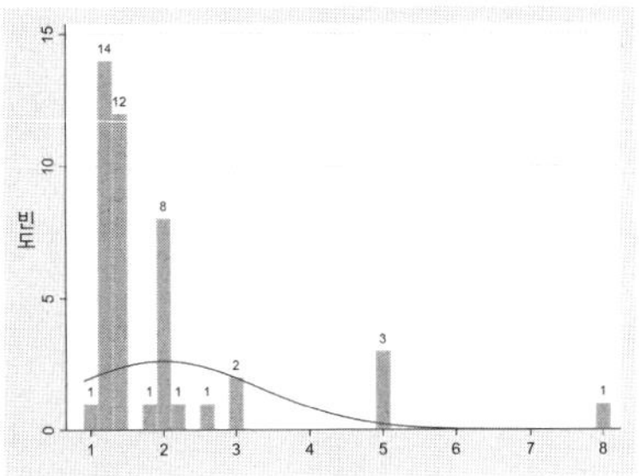
• 평균: 1.90 • 중윗값: 1.5 • 응답 수: 27	• 평균: 2.00 • 중윗값: 1.5 • 응답 수: 44

Ⅰ부록 그림 9.4Ⅰ 정보화 예산 비율 2차 델파이 결과

2025년 예측치 분포(단위: %)	2030년 예측치 분포(단위: %)
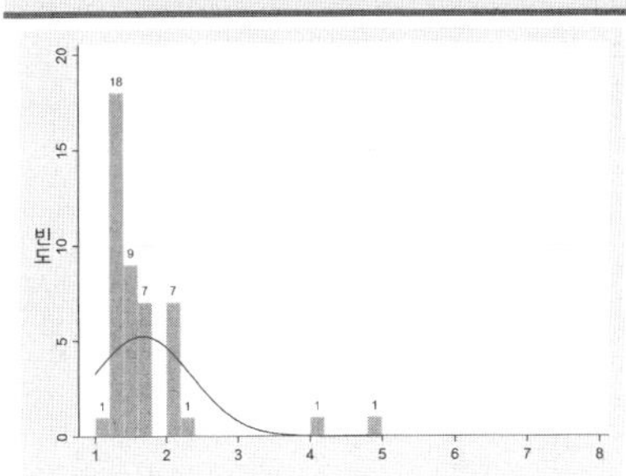	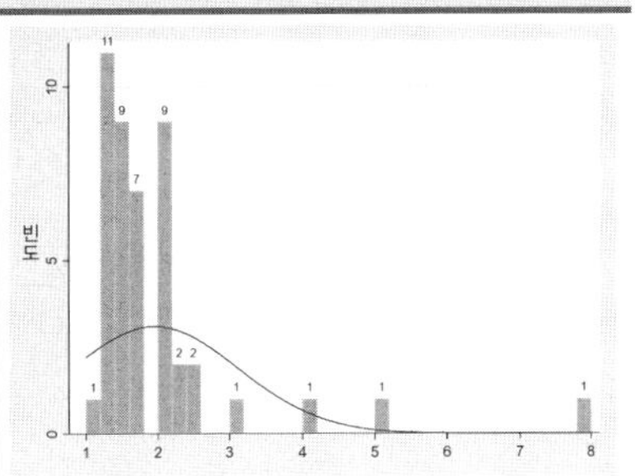
• 평균: 1.7 • 중윗값: 1.5 • 응답 수: 45	• 평균: 2.0 • 중윗값: 1.67 • 응답 수: 45

찾아보기

ㅈ

ㅊ

ㅋ

ㅌ

ㅍ

ㅎ

기타

엮은이

한국행정학회 정부의미래연구회

정부의미래연구회는 한국행정학회의 분과연구회로서 2019년 12월에 출범하였다. 과학기술이 발전하고 대내외 제반 환경요인이 변화함에 따라 중앙정부, 지방정부, 국회 등 국가를 구성하는 주요 기관의 역할, 기능, 역량, 관계형성 등도 급변해가고 있다. 정부의미래연구회의 설립 목적은 이들 기관의 약 10년 후를 예측하고 다양한 사회적 난제를 확인하는 동시에 이를 해결할 수 있는 국가전략과 대안을 모색하는 것이다. 이를 위해 연구회는 델파이 조사, 시나리오 기법 등을 활용한 미래예측 연구를 지향한다. 1년 또는 2년 주기로 관련 자료를 수집하고 체계적인 연구를 수행하면서 중장기 정부변화 예측 결과를 발표하고자 한다.

서울대 지능정보사회 정책연구센터

지능정보사회 정책연구센터(cisp.snu.ac.kr)는 서울대 행정대학원 산하의 한국사회과학연구(SSK) 센터이다. 2011년에 출범한 이래로 미래 한국사회의 새로운 위험현상에 대한 진단과 대응방안 제시, 그리고 성과확산을 위해 노력해왔다. 대형단계에 진입한 2017년부터는 지능정보사회 도래에 따른 공공부문의 역할과 방향, 새로운 위험에 대한 선제적 대응을 연구함으로써 미래 한국사회에 대한 예측과 해결방안을 제시하는 작업을 진행하고 있다.

대한민국 정부 2030

초판 인쇄 2020년 12월 11일
초판 발행 2020년 12월 15일

엮은이 한국행정학회 정부의미래연구회 · 서울대 지능정보사회 정책연구센터
펴낸이 김영훈
편집인 전영완
펴낸곳 도서출판 문우사
주소 경기도 고양시 일산서구 킨텍스로 255, 일산 디엠시티 스카이뷰 오피스동 1304호
전화 031) 901-6542, 070) 4200-6542 **팩스** 031) 906-6542
홈페이지 www.munu.co.kr **대표메일** moonwoosa@hanmail.net
출판신고번호 제396-2013-000113호

ISBN 979-11-85994-79-6 93350

값 23,000원